The
Gospel
According
to Matthew

성경과 영어를 동시에

마태복음
영어로
통째 외우기

The
Gospel
According
to Matthew

성경과 영어를 동시에

마태복음
영어로
통째 외우기

| 김다윗 지음 |

살림

나를 죄에서 구원해주신
영원한 스승, 그리스도 나사렛 예슈아께
이 책을 바친다.
이 땅의 아직 구원받지 못한 주님의 백성들이
속히 그리스도를 알아
주께서 주신 구원의 자리에 나아오기를 간구한다.

"이 율법책을 네 입에서 떠나지 말게 하며(저자 주: 읽고 외우고)

주야로 그것을 묵상하여(외운 말씀을 작은 소리로 읊조리어)

그 가운데 기록한 대로 다 지켜 행하라(순종하라)

그리하면 네 길이 평탄하게 될 것이라

네가 형통하리라"_수 1:8, 개역한글

믿음으로 살아가는 이들을 위한 교과서

얼마나 많이 알고 있느냐가 그 사람의 신분을 결정해주는 것이 아니라 얼마나 잘 살아가느냐가 그가 얻을 상속이다. 살아간다는 것은 그 사람이 무엇을 붙들고 있느냐에 따라 달라지는 것이다.

하나님의 말씀을 붙들고 살아가는 사람은 그 말씀에 순종하며 주님이 기뻐하시는 삶을 살아갈 것이다.

앞서 언급한 여호수아 1장 8절의 말씀에서 알 수 있듯이 하나님의 말씀에 붙들린 삶은, 하나님의 말씀을 입에서 떠나지 말게 하며 그것을 주야로 묵상하고 그 가운데에 기록된 것을 다 지켜 행하는 삶이다.

나는 한동안 하나님의 말씀을 입에서 떠나지 않게 하는 것이 무엇일지 깊이 생각한 적이 있다. 그것은 하나님의 말씀을 날마다 읽고 외우는 것임을 깨달았다. 그리고 주야로 묵상한다는 것은 외운 말씀을 밤낮으로 읊조리는 것임을 알게 되었다. 그래야만 하나님의 말씀을 지킬 수 있기 때문이다.

오랫동안 십계명을 알고 있었지만 부끄럽게도 그것을 차례대로 외우지 못했다. 그런데 이런 깨달음이 있었던 어느 날부터 십계명을 차례대로 외우고 아침마다 그것을 읊조리기 시작했다. 그러자 그 말씀이 나를 인도했고 나는 그 계명들에 순종하며 말씀을 따라 살아가고 있다.

이 책은 믿음으로 살아가려는 사람들의 교과서이다. 이 책은 영어를 잘하게 만드는 책이 아니다. 두뇌를 개발해주는 책도 아니다. 다만 하나님을 너무 사랑하는 사람들이 성경 말씀을 읽고 외우고 밤낮 읊조리며 말씀대로 살 수 있도록 가르쳐주는 교과서다. 위대한 말씀으로 누구나 영적 거장의 삶을 살아가도록 실력을 키워주는 책이다.

예수 그리스도가 스승이신 '거장들의 학교'는 내가 교장 대리로 섬기는 수도원 같은 학교이다. 물론 교장 선생님은 하나님이시다. 이곳의 학생들은 날마다 하나님의 말씀을 읽고 외운다. 그리고 삶에서 그 말씀대로 살아가기를 훈련한다. 이 책은 이 학교의 교과서 중 하나다.

'영어로 통째 외우기' 시리즈의 첫 책인 『마가복음 영어로 통째 외우기』가 발간된 지 어느덧 십 년이란 세월이 흘렀다. 그사이 〈로마서〉〈시편〉〈모세오경〉이 차례로 출간되었고 독자들에게 많은 사랑을 받았다.

이 책은 이 시리즈의 마지막 편이 될 것이다. 지금까지 발간되었던 시리즈의 책들과는 다르다. 마태복음 가운데서도 예수님께서 친히 하신 말씀만 뽑았고 따라하기만 하면 저절로 성경이 외워지도록 본문을 새롭게 구성하였다. 무엇보다 말씀을 삶에 적용하는 것을 염두에 두고 묵상 부분을 추가했다. 그간의 경험과 독자들의 조언을 바탕으로 좀 더 보강된 『마태복음 영어로 통째 외우기』를 기쁜 마음으로 세상에 내놓는다.

사실 나는 책이 출간되기 전에 책의 내용을 자녀들에게 읽고 외우게 하고, 아이들 중 하나가 그 안에 담긴 말씀들을 완전히 외웠을 때에야 책을 세상에 내놓았다.

이 시리즈가 처음 나올 당시 일곱 살이었던 큰딸은 이제 열일곱 살이다. 딸은 내가 네 권의 책과 지금 내놓는 이 책을 영어로 다 외웠다. 이외에 잠언을 비롯한 다른 말씀들도 외웠다.

그간 공교육을 받지 않았던 딸은 대입을 준비하기 위해 매일 도서관을 다니고 있다. 나는 딸이 앞으로 받게 될 어떤 교육보다 크고 놀라운 교육을 이미 받았다고 생각한다. 그것이 딸이 어디에 있어도 하나님의 사람으로 살 것을 확신하는 이유다.

이제 나는 이 책을 손에 붙들고서 주님의 말씀을 읽고 외우고 읊조리며 그 말씀대로 살아갈 형제자매들을 위해서 기도할 것이다. 그리고 그 기도를 쉬지 않을 것이다.

천국에서 만나 우리의 하나님을 영원토록 함께 예배하게 되기를 소원한다.

2017년을 시작하며,
이 땅의 딸들을 응원합니다.

그리스도가 통치하는
위대한 나라의 지극히 작은 종,
김 다윗 올림

이 책의 구성과 활용법

1. 각 단락은 크게 여섯 단계로 구성되어 있다. 읽고 외우고 읊조리고 순종
   하라는 말씀을 바탕으로 한 것이다.

   ## 말씀 읽기

   본문 말씀을 충분히 읽는다. 소리 내어 읽는 것이 중요하다. 밑줄을
   치면서, 혹은 눈에 들어오는 단어에 동그라미를 그리며 읽어도 좋다.
   내용이 충분히 정리될 때까지 서너 번 반복해서 읽는다.

   ## 말씀 외우기

   먼저 우리말을 눈으로 읽고 그에 해당되는 영어를 큰 소리로 읽는다.
   그리고 눈을 감고 우리말을 생각하며 영어로 소리 내어 외워질 때까
   지 천천히 반복하라. 빨리 다음 장으로 넘어가려 하지 말고 완전히
   외워라. 그리고 그 다음 새로운 부분을 외우며 계속 누적 암송하라.
   한 절을 완전히 암기했을 때 다음 절로 넘어가라. 절대 빨리 넘어가
   려 하지 말고 천천히 완벽하게 외울 때까지 반복해야 한다. 하나님이
   주시는 지혜를 구하며 그 지혜로 외우라.

여러분 가운데 누구든지 지혜가 부족하거든, 모든 사람에게 아낌없이 주시고 나무라지 않으시는 하나님께 구하십시오. 그리하면 받을 것입니다. 조금도 의심하지 말고, 믿고 구해야 합니다. 의심하는 사람은 마치 바람에 밀려서 출렁이는 바다 물결과 같습니다. 그런 사람은 주님께로부터 아무 것도 받을 생각을 하지 마십시오. 그는 두 마음을 품은 사람이요, 그의 모든 행동에는 안정이 없습니다(약 1:5-8).

말씀 읊조리기 – 1단계

각 절의 첫 부분 영어 단어를 보며 그 절 끝까지 큰 소리로 읊조리라. 이미 다 외웠으니 두려워 말고 믿음으로 선포하듯 큰 소리로 외쳐라.

말씀 읊조리기 – 2단계

이제는 우리말 성경 본문을 눈으로 읽으며 영어로 외운 성경 본문을 큰 소리로 외쳐라. 이것이 훈련되면 생각을 영어로 말할 수 있게 된다. 영어로 전도하고 설교를 할 수 있게 된다. 전도자로 살 수 있다.

묵상하기

말씀을 읽고 외우고 읊조리기를 계속하면 하나님이 자신에게 들려주시는 음성을 마음으로 듣게 된다. 각 단락의 묵상하기에 기록되어 있는 내용을 읽으며 자신에게 주시는 말씀에 귀를 기울여라.

순종 노트 – 말씀대로 살기

우리가 이 거룩한 공부를 하는 이유가 바로 말씀대로 살기 위한 것이다. 각 단락을 공부하면서 깨달은 하나님의 말씀을 지키며 살아가기 위해 당신이 지금 당장 순종할 것이 무엇인지 하나님께 여쭤라.

그다음에는 번호를 붙여가며 빈 여백에 기록하라. 그리고 용기를 내어 살아가라. 주의 성령께서 당신을 도우시기 위해 이제껏 기다리고 계셨다.

2. 완전히 외운 말씀은 당신의 가장 귀한 자산이다. 날마다 읊조려라. 그것이 바로 자산 관리다.

3. 읽고 외우고 읊조린 말씀에 순종하라. 이것이 인생 최고의 경영 비법이다. 그것은 이 세상에서 존귀한 자로 살 수 있는 길일 뿐만 아니라 영원한 나라에서 큰 기쁨으로 살아갈 상급이 주어지는 일이다.

아멘, 할렐루야! 하나님 만세!

CONTENTS

PART 1

마태복음
3장 ~ 5장

지금은 그렇게 하도록 하여라
(3:13-17)

말씀 읽기
전체 내용이 이해될 때까지 본문을 소리 내어 또박또박 읽으십시오.

13 그때에 예수께서 요한에게 세례를 받으시려고, 갈릴리를 떠나 요단강으로 요한을 찾아가셨다.

14 그러나 요한은 "내가 선생님께 세례를 받아야 할 터인데, 선생님께서 내게 오셨습니까?" 하고 말하면서 말렸다.

15 예수께서 그에게 말씀하셨다. "지금은 그렇게 하도록 하십시오. 이렇게 하여, 우리가 모든 의를 이루는 것이 옳습니다." 그제서야 요한이 허락하였다.

16 예수께서 세례를 받으시고, 곧 물에서 올라오셨다. 그때에 하늘이 열렸다. 그는 하나님의 영이 비둘기같이 내려와 자기 위에 오는 것을 보셨다.

17 그리고 하늘에서 소리가 나기를 "이는 내가 사랑하는 아들이다. 내가 그를 좋아한다" 하였다.

말씀 외우기
우리말을 먼저 읽고 영문으로 크게 소리 내어 읽으며 천천히 정확하게 외우십시오.

3:13

그때에 예수께서 갈릴리를 떠나 요단강으로 찾아가셨다.

Then Jesus came from Galilee to the Jordan

16

그때에 예수께서 요한에게 세례를 받으시려고, 갈릴리를 떠나 요단강으로 요한을 찾아가셨다.

Then Jesus came from Galilee to the Jordan **to be baptized by John.**

Then Jesus came from Galilee to the Jordan to be baptized by John.

• **3:14**

그러나 요한은 말렸다.

But John tried to deter him,

그러나 요한은 "내가 선생님께 세례를 받아야 할 터인데, 말하면서 말렸다.

But John tried to deter him, **saying, "I need to be baptized by you,**

그러나 요한은 "내가 선생님께 세례를 받아야 할 터인데, 선생님께서 내게 오셨습니까?" 하고 말하면서 말렸다.

But John tried to deter him, saying, "I need to be baptized by you, **and do you come to me?"**

But John tried to deter him, saying, "I need to be baptized by you, and do you come to me?"

• **3:15**

예수께서 그에게 말씀하셨다. "지금은 그렇게 하도록 하십시오.

Jesus replied, "Let it be so now;

예수께서 그에게 말씀하셨다. "지금은 그렇게 하도록 하십시오. 이렇게 하여, 우리가 모든 의를 이루는 것이 옳습니다."

Jesus replied, "Let it be so now; **it is proper for us to do this to fulfill** all righteousness."

예수께서 그에게 말씀하셨다. "지금은 그렇게 하도록 하십시오. 이렇게 하여, 우리가 모든 의를 이루는 것이 옳습니다." 그제서야 요한이 허락하였다.
Jesus replied, "Let it be so now; it is proper for us to do this to fulfill all righteousness." **Then John consented.**

Jesus replied, "Let it be so now; it is proper for us to do this to fulfill all righteousness." Then John consented.

• 3:16

예수께서 세례를 받으시고,
As soon as Jesus was baptized,

예수께서 세례를 받으시고, 곧 물에서 올라오셨다.
As soon as Jesus was baptized, **he went up out of the water.**

예수께서 세례를 받으시고, 곧 물에서 올라오셨다. 그때에 하늘이 열렸다.
As soon as Jesus was baptized, he went up out of the water. **At that moment heaven was opened,**

예수께서 세례를 받으시고, 곧 물에서 올라오셨다. 그때에 하늘이 열렸다. 그는 하나님의 영이 비둘기같이 내려(와) 오는 것을 보셨다.
As soon as Jesus was baptized, he went up out of the water. At that moment heaven was opened, **and he saw the Spirit of God descending like a dove**

예수께서 세례를 받으시고, 곧 물에서 올라오셨다. 그때에 하늘이 열렸다. 그는 하나님의 영이 비둘기같이 내려와 자기 위에 오는 것을 보셨다.

As soon as Jesus was baptized, he went up out of the water. At that moment heaven was opened, and he saw the Spirit of God descending like a dove **and lighting on him.**

As soon as Jesus was baptized, he went up out of the water. At that moment heaven was opened, and he saw the Spirit of God descending like a dove and lighting on him.

• **3:17**

그리고 하늘에서 소리가 나기를
And a voice from heaven said,

그리고 하늘에서 소리가 나기를 "이는 내가 사랑하는 아들이다.
And a voice from heaven said, **"This is my Son, whom I love;**

그리고 하늘에서 소리가 나기를 "이는 내가 사랑하는 아들이다. 내가 그를 좋아한다" 하였다
And a voice from heaven said, "This is my Son, whom I love; **with him I am well pleased."**

And a voice from heaven said, "This is my Son, whom I love; with him I am well pleased."

---

baptize v. 세례를 주다 | deter v. 단념시키다, 그만두게 하다 | consent n. 동의, 허락
descending adj. 내려가는

말씀 읊조리기 – 1단계

각 절의 시작하는 단어를 보면서 외운 말씀 전체를 소리 내어 읊조리십시오.

13 Then Jesus came
14 But John tried to
15 Jesus replied,
16 As soon as Jesus was baptized,
17 And a voice from heaven said,

말씀 읊조리기 – 2단계

우리말 본문을 눈으로 읽으면서 영어로 소리 내어 읊조리십시오.

13 그때에 예수께서 요한에게 세례를 받으시려고, 갈릴리를 떠나 요단강으로 요한을 찾아가셨다.
14 그러나 요한은 "내가 선생님께 세례를 받아야 할 터인데, 선생님께서 내게 오셨습니까?" 하고 말하면서 말렸다.
15 예수께서 그에게 말씀하셨다. "지금은 그렇게 하도록 하십시오. 이렇게 하여, 우리가 모든 의를 이루는 것이 옳습니다." 그제서야 요한이 허락하였다.
16 예수께서 세례를 받으시고, 곧 물에서 올라오셨다. 그때에 하늘이 열렸다. 그는 하나님의 영이 비둘기같이 내려와 자기 위에 오는 것을 보셨다.
17 그리고 하늘에서 소리가 나기를 "이는 내가 사랑하는 아들이다. 내가 그를 좋아한다" 하였다.

묵상하기 – 우리 삶의 목표

외운 말씀을 되새기며 성령께서 말씀하시는 소리에 귀를 기울이십시오.

하나님의 아들 예수 그리스도께서는 사람의 아들인 요한에게 세례를 받으신다. 놀라서 만류하는 요한에게 "이렇게 하여, 우리가 모든 의를 이루는 것이 옳습니다"라고 말씀하시며 자신에게 세례를 베풀 것을 강청하셨다. 우리 주님은 평생토록 아버지의 뜻을 위해 사셨다.

세례받으시는 예수님의 삶의 끝에는 십자가가 있다. 주님은 왕이 되기 위한 일의 시작을 알리듯 세례를 받으신 게 아니다. 오로지 아버지의 모든 의를 이루기 위해 사람에게 세례를 받으셨다. 가장 낮은 곳에서 십자가를 지기 위해, 세상 죄를 지고 가는 어린양이 되기 위해 세례를 받으셨다.

주님의 제자인 우리는 주님을 본받아 살아야 한다. 우리 삶의 목표는 성공이 아니라 주님의 말씀에 순종하는 것이 되어야 한다.

우리는 무엇을 하든 "먼저 하나님의 나라와 하나님의 의를 구하여"야 한다(마 6:33). 우리의 삶은 하나님의 뜻을 이루는 일과 관계가 있어야 한다.

순종 노트
순종해야 할 일이 생각났으면 적고 행하십시오. 믿음과 순종은 하나여야 합니다.

하나님의 입에서 나오는
모든 말씀으로 살 것이다 (4:1-11)

말씀 읽기

전체 내용이 이해될 때까지 본문을 소리 내어 또박또박 읽으십시오.

1 그 즈음에 예수께서 성령에 이끌려 광야로 가셔서, 악마에게 시험을 받으셨다.

2 예수께서 밤낮 사십 일을 금식하시니, 시장하셨다.

3 그런데 시험하는 자가 와서, 예수께 말하였다. "네가 하나님의 아들이거든, 이 돌들에게 빵이 되라고 말해보아라."

4 예수께서 대답하셨다. "성경에 기록하기를 '사람이 빵으로만 살 것이 아니라, 하나님의 입에서 나오는 모든 말씀으로 살 것이다' 하였다."

5 그때에 악마는 예수를 그 거룩한 도성으로 데리고 가서, 성전 꼭대기에 세우고

6 말하였다. "네가 하나님의 아들이거든, 여기에서 뛰어내려보아라. 성경에 기록하기를 '하나님이 너를 위하여 자기 천사들에게 명하실 것이다' 그리고 '그들이 손으로 너를 떠받쳐서, 너의 발이 돌에 부딪치지 않게 할 것이다' 하였다."

(저자 주: 사탄도 말씀을 외우고 있다. 말씀으로 미혹한다. 우리가 말씀을 정확하게 알지 못하면 당한다. 하와에게도 그랬다.)

7 예수께서 악마에게 말씀하셨다. "또 성경에 기록하기를 '주 너의 하나님을 시험하지 말아라' 하였다."

8 또다시 악마는 예수를 매우 높은 산으로 데리고 가서, 세상의 모든 나라와 그 영광을 보여주고 말하였다.

9 "네가 나에게 엎드려서 절을 하면, 이 모든 것을 네게 주겠다."

10 그때에 예수께서 그에게 말씀하셨다. "사탄아, 물러가라. 성경에 기록하기를

'주 너의 하나님께 경배하고, 그분만을 섬겨라' 하였다."
11 이때에 악마는 떠나가고, 천사들이 와서, 예수께 시중을 들었다.

말씀 외우기

우리말로 먼저 읽고 영문으로 크게 소리 내어 읽으며 천천히 정확하게 외우십시오.

4:1

그 즈음에 예수께서 성령에 이끌려
Then Jesus was led by the Spirit

그 즈음에 예수께서 성령에 이끌려 광야로 가서서,
Then Jesus was led by the Spirit **into the desert**

그 즈음에 예수께서 성령에 이끌려 광야로 가서서, 악마에게 시험을 받으셨다.
Then Jesus was led by the Spirit into the desert **to be tempted by the devil.**

Then Jesus was led by the Spirit into the desert to be tempted by the devil.

4:2

예수께서 밤낮 사십 일을 금식하시니,
After fasting forty days and forty nights,

예수께서 밤낮 사십 일을 금식하시니, 시장하셨다.
After fasting forty days and forty nights, **he was hungry.**

After fasting forty days and forty nights, he was hungry.

그런데 시험하는 자가 와서, 예수께 말하였다.

The tempter came to him and said,

그런데 시험하는 자가 와서, 예수께 말하였다. "네가 하나님의 아들이거든,

The tempter came to him and said, **"If you are the Son of God,**

그런데 시험하는 자가 와서, 예수께 말하였다. "네가 하나님의 아들이거든, 이 돌들에게 빵이 되라고 말해보아라."

The tempter came to him and said, "If you are the Son of God, **tell these stones to become bread."**

The tempter came to him and said, "If you are the Son of God, tell these stones to become bread."

예수께서 대답하셨다. "성경에 기록하기를

Jesus answered, "It is written:

예수께서 대답하셨다. "성경에 기록하기를 '사람이 빵으로만 살 것이 아니라,

Jesus answered, "It is written: **'Man does not live on bread alone,**

예수께서 대답하셨다. "성경에 기록하기를 '사람이 빵으로만 살 것이 아니라, 하나님의 입에서 나오는 모든 말씀으로 살 것이다' 하였다."

Jesus answered, "It is written: 'Man does not live on bread alone, **but on every word that comes from the mouth of God.'"**

Jesus answered, "It is written: 'Man does not live on bread alone, but on every word that comes from the mouth of God.'"

그때에 악마는 예수를 그 거룩한 도성으로 데리고 가서,
Then the devil took him to the holy city

그때에 악마는 예수를 그 거룩한 도성으로 데리고 가서, 성전 꼭대기에 세우고
Then the devil took him to the holy city **and had him stand on the highest point of the temple.**

Then the devil took him to the holy city and had him stand on the highest point of the temple.

말하였다. "네가 하나님의 아들이거든,
"If you are the Son of God," he said,

말하였다. "네가 하나님의 아들이거든, 여기에서 뛰어내려보아라.
"If you are the Son of God," he said, **"throw yourself down.**

말하였다. "네가 하나님의 아들이거든, 여기에서 뛰어내려보아라. 성경에 기록하기를 '하나님이 너를 위하여 자기 천사들에게 명하실 것이다.'
"If you are the Son of God," he said, "throw yourself down. **For it is written: "'He will command his angels concerning you,**

말하였다. "네가 하나님의 아들이거든, 여기에서 뛰어내려보아라. 성경에 기록하기를 '하나님이 너를 위하여 자기 천사들에게 명하실 것이다.' 그리고 '그들이 손으로 너를 떠받쳐서,
"If you are the Son of God," he said, "throw yourself down. For it is written: "'He will command his angels concerning you, **and they will lift you up in their hands,**

말하였다. "네가 하나님의 아들이거든, 여기에서 뛰어내려보아라. 성경에 기록하기를 '하나님이 너를 위하여 자기 천사들에게 명하실 것이다.' 그리고 '그들이 손으로 너를 떠받쳐서, 너의 발이 돌에 부딪치지 않게 할 것이다' 하였다."
"If you are the Son of God," he said, "throw yourself down. For it is written: "'He will command his angels concerning you, and they will lift you up in their hands, **so that you will not strike your foot against a stone.'"**

"If you are the Son of God," he said, "throw yourself down. For it is written: "'He will command his angels concerning you, and they will lift you up in their hands, so that you will not strike your foot against a stone.'"

예수께서는 악마에게 말씀하셨다. "또 성경에 기록하기를
Jesus answered him, "It is also written:

예수께서는 악마에게 말씀하셨다. "또 성경에 기록하기를 '주 너의 하나님을 시험하지 말아라' 하였다."
Jesus answered him, "It is also written: **'Do not put the Lord your God to the test.'"**

Jesus answered him, "It is also written: 'Do not put the Lord your God to the test.'"

또다시 악마는 예수를 매우 높은 산으로 데리고 가서,
Again, the devil took him to a very high mountain

또다시 악마는 예수를 매우 높은 산으로 데리고 가서, 세상의 모든 나라와 그 영광을 보여주고 말하였다

Again, the devil took him to a very high mountain **and showed him all the kingdoms of the world and their splendor.**

Again, the devil took him to a very high mountain and showed him all the kingdoms of the world and their splendor.

• 4:9

이 모든 것을 네게 주겠다."
"All this I will give you," he said,

"네가 나에게 엎드려서 절을 하면, 이 모든 것을 네게 주겠다."
"All this I will give you," he said, **"if you will bow down and worship me."**

"All this I will give you," he said, "if you will bow down and worship me."

• 4:10

그때에 예수께서 그에게 말씀하셨다. "사탄아, 물러가라.
Jesus said to him, "Away from me, Satan!

그때에 예수께서 그에게 말씀하셨다. "사탄아, 물러가라. 성경에 기록하기를 '주 너의 하나님께 경배하고, 그분만을 섬겨라' 하였다."
Jesus said to him, "Away from me, Satan! **For it is written: 'Worship the Lord your God, and serve him only.'"**

Jesus said to him, "Away from me, Satan! For it is written: 'Worship the Lord your God, and serve him only.'"

• 4:11

이때에 악마는 떠나가고,

Then the devil left him,

이때에 악마는 떠나가고, 천사들이 와서, 예수께 시중을 들었다.

Then the devil left him, **and angels came and attended him.**

Then the devil left him, and angels came and attended him.

---

wilderness n. 황야, 황무지 | fasting n. 금식 | tempter n. 유혹하는 사람

temple n. 신전, 회당 | splendor n. 훌륭함, 화려함

말씀 읊조리기 – 1단계
각 절의 시작하는 단어를 보면서 외운 말씀 전체를 소리 내어 읊조리십시오.

1 Then Jesus was led by

2 After fasting

3 The tempter came to

4 Jesus answered, "It is written:

5 Then the devil took

6 "If you are the Son of God,"

7 Jesus answered him,

8 Again, the devil

9 "All this I will

10 Jesus said to him,

11 Then the devil

우리말 본문을 눈으로 읽으면서 영어로 소리 내어 읊조리십시오.

1 그 즈음에 예수께서 성령에 이끌려 광야로 가셔서, 악마에게 시험을 받으셨다.

2 예수께서 밤낮 사십 일을 금식하시니, 시장하셨다.

3 그런데 시험하는 자가 와서, 예수께 말하였다. "네가 하나님의 아들이거든, 이 돌들에게 빵이 되라고 말해보아라."

4 예수께서 대답하셨다. "성경에 기록하기를 '사람이 빵으로만 살 것이 아니라, 하나님의 입에서 나오는 모든 말씀으로 살 것이다' 하였다."

5 그때에 악마는 예수를 그 거룩한 도성으로 데리고 가서, 성전 꼭대기에 세우고

6 말하였다. "네가 하나님의 아들이거든, 여기에서 뛰어내려보아라. 성경에 기록하기를 '하나님이 너를 위하여 자기 천사들에게 명하실 것이다' 그리고 '그들이 손으로 너를 떠받쳐서, 너의 발이 돌에 부딪치지 않게 할 것이다' 하였다."

7 예수께서 악마에게 말씀하셨다. "또 성경에 기록하기를 '주 너의 하나님을 시험하지 말아라' 하였다."

8 또다시 악마는 예수를 매우 높은 산으로 데리고 가서, 세상의 모든 나라와 그 영광을 보여주고 말하였다.

9 "네가 나에게 엎드려서 절을 하면, 이 모든 것을 네게 주겠다."

10 그때에 예수께서 그에게 말씀하셨다. "사탄아, 물러가라. 성경에 기록하기를 '주 너의 하나님께 경배하고, 그분만을 섬겨라' 하였다."

11 이때에 악마는 떠나가고, 천사들이 와서, 예수께 시중을 들었다.

묵상하기

외운 말씀을 되새기며 성령께서 말씀하시는 소리에 귀를 기울이십시오.

1. 성령에게 이끌리어 광야로 가신 주님

요한에게 세례를 받으심으로 성령으로 충만케 되신 주님은 성령에 이끌리어 광야로 가신다. 광야로 가신 이유는 마귀에게 시험을 받기 위해서라고 성경은 기록한다. 그런데 주님은 광야에서 마귀를 만나기 전에 금식하며 기도하신다. 사

십 일을 밤낮으로 말이다.

성령에 이끌리시고, 금식하며 기도하신 것이 우리 주님의 첫 번째 사역이었다. 성령을 따라 행하며 무시로 금식하며 기도하는 삶이 우리가 따라야 할 가장 기본이자 중대한 일이다.

2. 하나님의 말씀으로 사탄을 물리치신 주님

하나님의 말씀만이 우리에게 주신 유일한 무기이다. "성령의 검 곧 하나님의 말씀"(엡 6:17)이 바로 그것이다.

3. 하나님의 말씀을 외우고 계셨던 주님

온갖 약재와 좋은 음식을 챙겨 먹는 일, 애써서 기술을 배우거나 정보를 수집하는 것보다 먼저 갖춰야 할 소중한 것은 하나님의 말씀을 통째로 외우는 것이다. 그래서 우리 영혼의 곳간에 잘 익은 포도주로 가득 차게 하는 것이다.

 순종 노트

순종해야 할 일이 생각났으면 적고 행하십시오. 믿음과 순종은 하나여야 합니다.

회개하여라. 하늘나라가 가까이 왔다
(4:12-22)

말씀 읽기
전체 내용이 이해될 때까지 본문을 소리 내어 또박또박 읽으십시오.

12 예수께서, 요한이 잡혔다고 하는 말을 들으시고, 갈릴리로 돌아가셨다.

13 그리고 그는 나사렛을 떠나, 스불론과 납달리 지역 바닷가에 있는 가버나움으로 가서 사셨다.

14 이것은 예언자 이사야를 시켜서 하신 말씀을 이루시려는 것이었다.

15 "스불론과 납달리 땅, 요단강 건너편, 바다로 가는 길목, 이방 사람들의 갈릴리,

16 어둠에 앉아 있는 백성이 큰 빛을 보았고, 그늘진 죽음의 땅에 앉은 사람들에게 빛이 비치었다."

17 그때부터 예수께서는 "회개하여라. 하늘나라가 가까이 왔다" 하고 선포하기 시작하셨다.

18 예수께서 갈릴리 바닷가를 걸어가시다가, 두 형제, 베드로라는 시몬과 그와 형제간인 안드레가 그물을 던지고 있는 것을 보셨다. 그들은 어부였다.

19 예수께서 그들에게 말씀하셨다. "나를 따라오너라. 나는 너희를 사람을 낚는 어부로 삼겠다."

20 그들은 곧 그물을 버리고 예수를 따라갔다.

21 거기에서 조금 더 가시다가, 예수께서 다른 두 형제 곧 세베대의 아들 야고보와 그의 동생 요한을 보셨다. 그들은 아버지 세베대와 함께 배에서 그물을 깁고 있었다. 예수께서 그들을 부르셨다.

22 그들은 곧 배와 자기들의 아버지를 놓아두고, 예수를 따라갔다.

말씀 외우기
우리말로 먼저 읽고 영문으로 크게 소리 내어 읽으며 천천히 정확하게 외우십시오.

4:12

예수께서, 요한이 잡혔다고 하는 말을 들으시고,

When Jesus heard that John had been put in prison,

예수께서, 요한이 잡혔다고 하는 말을 들으시고, 갈릴리로 돌아가셨다.

When Jesus heard that John had been put in prison, **he returned to Galilee.**

When Jesus heard that John had been put in prison, he returned to Galilee.

4:13

그리고 그는 나사렛을 떠나, 가버나움으로 가서 사셨다.

Leaving Nazareth, he went and lived in Capernaum,

그리고 그는 나사렛을 떠나, 스불론과 납달리 지역 바닷가에 있는 가버나움으로 가서 사셨다.

Leaving Nazareth, he went and lived in Capernaum, **which was by the lake in the area of Zebulun and Naphtali —**

Leaving Nazareth, he went and lived in Capernaum, which was by the lake in the area of Zebulun and Naphtali —

4:14

이것은 하신 말씀을 이루시려는 것이었다.

to fulfill what was said

이것은 예언자 이사야를 시켜서 하신 말씀을 이루시려는 것이었다.

to fulfill what was said **through the prophet Isaiah:**

to fulfill what was said through the prophet Isaiah:

4:15

"스불론과 납달리 땅,

"Land of Zebulun and land of Naphtali,

"스불론과 납달리 땅, 요단강 건너편, 바다로 가는 길목,

"Land of Zebulun and land of Naphtali, **the way to the sea, along the Jordan,**

"스불론과 납달리 땅, 요단강 건너편, 바다로 가는 길목, 이방 사람들의 갈릴리,

"Land of Zebulun and land of Naphtali, the way to the sea, along the Jordan, **Galilee of the Gentiles —**

"Land of Zebulun and land of Naphtali, the way to the sea, along the Jordan, Galilee of the Gentiles —

4:16

어둠에 앉아 있는 백성이

the people living in darkness

어둠에 앉아 있는 백성이 큰 빛을 보았고,

the people living in darkness **have seen a great light;**

어둠에 앉아 있는 백성이 큰 빛을 보았고, 그늘진 죽음의 땅에 앉은 사람들에게

the people living in darkness have seen a great light; **on those living in the land of the shadow of death**

어둠에 앉아 있는 백성이 큰 빛을 보았고, 그늘진 죽음의 땅에 앉은 사람들에게 빛이 비치었다.”

the people living in darkness have seen a great light; on those living in the land of the shadow of death **a light has dawned.”**

the people living in darkness have seen a great light; on those living in the land of the shadow of death a light has dawned.”

4:17

그때부터 예수께서는 선포하기 시작하셨다.

From that time on Jesus began to preach,

그때부터 예수께서는 “회개하여라. 하늘나라가 가까이 왔다” 하고 선포하기 시작하셨다.

From that time on Jesus began to preach, **“Repent, for the kingdom of heaven is near.”**

From that time on Jesus began to preach, “Repent, for the kingdom of heaven is near.”

4:18

예수께서 갈릴리 바닷가를 걸어가시다가,

As Jesus was walking beside the Sea of Galilee,

예수께서 갈릴리 바닷가를 걸어가시다가, 두 형제, 베드로라는 시몬과 그와 형제간인 안드레가 있는 것을 보셨다.

As Jesus was walking beside the Sea of Galilee, **he saw two brothers, Simon called Peter and his brother Andrew.**

예수께서 갈릴리 바닷가를 걸어가시다가, 두 형제, 베드로라는 시몬과 그와 형제간인 안드레가 그물을 던지고 있는 것을 보셨다.

As Jesus was walking beside the Sea of Galilee, he saw two brothers, Simon called Peter and his brother Andrew. **They were casting a net into the lake,**

예수께서 갈릴리 바닷가를 걸어가시다가, 두 형제, 베드로라는 시몬과 그와 형제간인 안드레가 그물을 던지고 있는 것을 보셨다. 그들은 어부였다.

As Jesus was walking beside the Sea of Galilee, he saw two brothers, Simon called Peter and his brother Andrew. They were casting a net into the lake, **for they were fishermen.**

As Jesus was walking beside the Sea of Galilee, he saw two brothers, Simon called Peter and his brother Andrew. They were casting a net into the lake, for they were fishermen.

4:19

예수께서 그들에게 말씀하셨다. "나를 따라오너라.

"Come, follow me," Jesus said,

마태복음
3장~5장

35

예수께서 그들에게 말씀하셨다. "나를 따라오너라. 내가 너희를 사람을 낚는 어부로 삼겠다."

"Come, follow me," Jesus said, **"and I will make you fishers of men."**

"Come, follow me," Jesus said, "and I will make you fishers of men."

• **4:20**

그들은 곧 그물을 버리고
At once they left their nets

그들은 곧 그물을 버리고 예수를 따라갔다.
At once they left their nets **and followed him.**

At once they left their nets and followed him.

• **4:21**

거기에서 조금 더 가시다가,
Going on from there,

거기에서 조금 더 가시다가, 예수께서 다른 두 형제 곧 세베대의 아들 야고보와 그의 동생 요한을 보셨다.
Going on from there, **he saw two other brothers, James son of Zebedee and his brother John.**

거기에서 조금 더 가시다가, 예수께서 다른 두 형제 곧 세베대의 아들 야고보와 그의 동생 요한을 보셨다. 그들은 아버지 세베대와 함께 배에서 그물을 깁고 있었다.
Going on from there, he saw two other brothers, James son of Zebedee

and his brother John. **They were in a boat with their father Zebedee, preparing their nets.**

거기에서 조금 더 가시다가, 예수께서 다른 두 형제 곧 세베대의 아들 야고보와 그의 동생 요한을 보셨다. 그들은 아버지 세베대와 함께 배에서 그물을 깁고 있었다. 예수께서 그들을 부르셨다.

Going on from there, he saw two other brothers, James son of Zebedee and his brother John. They were in a boat with their father Zebedee, preparing their nets. **Jesus called them,**

Going on from there, he saw two other brothers, James son of Zebedee and his brother John. They were in a boat with their father Zebedee, preparing their nets. Jesus called them,

• 4:22

그들은 곧 배와 자기들의 아버지를 놓아두고,

and immediately they left the boat and their father

그들은 곧 배와 자기들의 아버지를 놓아두고, 예수를 따라갔다.

and immediately they left the boat and their father **and followed him.**

and immediately they left the boat and their father and followed him.

---

withdraw v. 물러나다, 철수하다 | **dawn** n. 새벽, v. 밝다 | **preach** v. 설교하다
repent v. 뉘우치다, 회개하다 | **cast** v. 던지다

말씀 읊조리기 – 1단계

각 절의 시작하는 단어를 보면서 외운 말씀 전체를 소리 내어 읊조리십시오.

12 When Jesus heard

13 Leaving Nazareth,

14 to fulfill

15 "Land of Zebulun

16 the people living

17 From that time

18 As Jesus was walking

19 "Come, follow me,"

20 At once they left

21 Going on from there,

22 and immediately they

말씀 읊조리기 – 2단계

우리말 본문을 눈으로 읽으면서 영어로 소리 내어 읊조리십시오.

12 예수께서, 요한이 잡혔다고 하는 말을 들으시고, 갈릴리로 돌아가셨다.

13 그리고 그는 나사렛을 떠나, 스불론과 납달리 지역 바닷가에 있는 가버나움으로 가서 사셨다.

14 이것은 예언자 이사야를 시켜서 하신 말씀을 이루시려는 것이었다.

15 "스불론과 납달리 땅, 요단강 건너편, 바다로 가는 길목, 이방 사람들의 갈릴리,

16 어둠에 앉아 있는 백성이 큰 빛을 보았고, 그늘진 죽음의 땅에 앉은 사람들에게 빛이 비치었다."

17 그때부터 예수께서는 "회개하여라. 하늘나라가 가까이 왔다" 하고 선포하기 시작하셨다.

18 예수께서 갈릴리 바닷가를 걸어가시다가, 두 형제, 베드로라는 시몬과 그와

형제간인 안드레가 그물을 던지고 있는 것을 보셨다. 그들은 어부였다.

¹⁹ 예수께서 그들에게 말씀하셨다. "나를 따라오너라. 나는 너희를 사람을 낚는 어부로 삼겠다."

²⁰ 그들은 곧 그물을 버리고 예수를 따라갔다.

²¹ 거기에서 조금 더 가시다가, 예수께서 다른 두 형제 곧 세베대의 아들 야고보와 그의 동생 요한을 보셨다. 그들은 아버지 세베대와 함께 배에서 그물을 깁고 있었다. 예수께서 그들을 부르셨다.

²² 그들은 곧 배와 자기들의 아버지를 놓아두고, 예수를 따라갔다.

묵상하기 – 진정한 회개
외운 말씀을 되새기며 성령께서 말씀하시는 소리에 귀를 기울이십시오.

요한이 잡혔다. 여인이 낳은 자 중에 가장 큰 자라고 하신 예수님의 말씀대로 위대한 선지자였던 요한의 생애는 참으로 짧았다. 인생은 그 길이로 판가름이 나지 않는다. 그의 삶이 짧았기에 그에겐 분초도 낭비할 시간이 없는 듯하다. 시간을 아껴 주를 섬겨야 한다. 세월을 아껴야 한다. 때가 악하기 때문이다.(엡 5:16 참조).

세례요한이 옥에 갇히자 예수님은 복음을 전하기 시작하신다. "회개하여라. 하늘나라가 가까이 왔다." 회개가 가장 급한 일이다. 회개치 않으면 지옥불에 떨어지기 때문이다. 회개는 반성문을 쓰는 것이 아니다. 회개란 잘못을 고치는 것이다. 잘못된 과거에서 돌이켜 현재를 다시 세우고 미래를 사는 것이다.

예수님은 제자를 택하여 부르신다. 몇몇 어부들이 그 영광스런 일에 자신을 던진다. 주님이 어부들을 먼저 부르신 이유를 우린 알아야 한다. 주님은 스펙이 뛰어난 사람을 찾으시는 것이 아니다. 주님의 부르심에 쉽게 응하는 사람이 제일이다. 그들은 즉시 그물과 배를 버리고 아버지와 아내를 버리고 주를 따른다. 버려야 얻고 죽어야 산다.

순종 노트

순종해야 할 일이 생각났으면 적고 행하십시오. 믿음과 순종은 하나여야 합니다.

마음이 가난한 사람은 복이 있다
(5:1-12)

말씀 읽기
전체 내용이 이해될 때까지 본문을 소리 내어 또박또박 읽으십시오.

1 예수께서 무리를 보시고, 산에 올라가 앉으시니, 제자들이 그에게 나아왔다.

2 예수께서 입을 열어서 그들을 가르치셨다.

3 "마음이 가난한 사람은 복이 있다. 하늘나라가 그들의 것이다.

4 슬퍼하는 사람은 복이 있다. 하나님이 그들을 위로하실 것이다.

5 온유한 사람은 복이 있다. 그들이 땅을 차지할 것이다.

6 의에 주리고 목마른 사람은 복이 있다. 그들이 배부를 것이다.

7 자비한 사람은 복이 있다. 하나님이 그들을 자비롭게 대하실 것이다.

8 마음이 깨끗한 사람은 복이 있다. 그들이 하나님을 볼 것이다.

9 평화를 이루는 사람은 복이 있다. 하나님이 그들을 자기의 자녀라고 부르실 것이다.

10 의를 위하여 박해를 받은 사람은 복이 있다. 하늘나라가 그들의 것이다.

11 너희가 나 때문에 모욕을 당하고, 박해를 받고, 터무니없는 말로 온갖 비난을 받으면, 복이 있다.

12 너희는 기뻐하고 즐거워하여라. 하늘에서 받을 너희의 상이 크기 때문이다. 너희보다 먼저 온 예언자들도 이와 같이 박해를 받았다."

말씀 외우기

우리말로 먼저 읽고 영문으로 크게 소리 내어 읽으며 천천히 정확하게 외우십시오.

5:1

예수께서 무리를 보시고,

Now when he saw the crowds,

예수께서 무리를 보시고, 산에 올라가 앉으시니,

Now when he saw the crowds, **he went up on a mountainside and sat down.**

예수께서 무리를 보시고, 산에 올라가 앉으시니, 제자들이 그에게 나아왔다.

Now when he saw the crowds, he went up on a mountainside and sat down. **His disciples came to him,**

Now when he saw the crowds, he went up on a mountainside and sat down. His disciples came to him,

5:2

예수께서 입을 열어서 그들을 가르치셨다.

and he began to teach them, saying:

and he began to teach them, saying:

5:3

"마음이 가난한 사람은 복이 있다.

"Blessed are the poor in spirit,

"마음이 가난한 사람은 복이 있다. 하늘나라가 그들의 것이다.
"Blessed are the poor in spirit, **for theirs is the kingdom of heaven.**

"Blessed are the poor in spirit, for theirs is the kingdom of heaven.

5:4

슬퍼하는 사람은 복이 있다.
Blessed are those who mourn,

슬퍼하는 사람은 복이 있다. 하나님이 그들을 위로하실 것이다.
Blessed are those who mourn, **for they will be comforted.**

Blessed are those who mourn, for they will be comforted.

5:5

온유한 사람은 복이 있다.
Blessed are the meek,

온유한 사람은 복이 있다. 그들이 땅을 차지할 것이다.
Blessed are the meek, **for they will inherit the earth.**

Blessed are the meek, for they will inherit the earth.

5:6

의에 주리고 목마른 사람은 복이 있다.
Blessed are those who hunger and thirst for righteousness,

의에 주리고 목마른 사람은 복이 있다. 그들이 배부를 것이다.

Blessed are those who hunger and thirst for righteousness, **for they will be filled.**

Blessed are those who hunger and thirst for righteousness, for they will be filled.

5:7

자비한 사람은 복이 있다.

Blessed are the merciful,

자비한 사람은 복이 있다. 하나님이 그들을 자비롭게 대하실 것이다.

Blessed are the merciful, **for they will be shown mercy.**

Blessed are the merciful, for they will be shown mercy.

5:8

마음이 깨끗한 사람은 복이 있다.

Blessed are the pure in heart,

마음이 깨끗한 사람은 복이 있다. 그들이 하나님을 볼 것이다.

Blessed are the pure in heart, **for they will see God.**

Blessed are the pure in heart, for they will see God.

5:9

평화를 이루는 사람은 복이 있다.

Blessed are the peacemakers,

평화를 이루는 사람은 복이 있다. 하나님이 그들을 자기의 자녀라고 부르실 것
이다.
Blessed are the peacemakers, **for they will be called sons of God.**

Blessed are the peacemakers, for they will be called sons of God.

• 5:10

의를 위하여 박해를 받은 사람은 복이 있다.
Blessed are those who are persecuted because of righteousness,

의를 위하여 박해를 받은 사람은 복이 있다. 하늘나라가 그들의 것이다.
Blessed are those who are persecuted because of righteousness, **for
theirs is the kingdom of heaven.**

**Blessed are those who are persecuted because of righteousness, for
theirs is the kingdom of heaven.**

• 5:11

너희가 모욕을 당하(면) 복이 있다.
"Blessed are you when people insult you,

너희가 모욕을 당하고, 박해를 받고, 터무니없는 말로 온갖 비난을 받으면, 복이
있다.
"Blessed are you when people insult you, **persecute you and falsely
say all kinds of evil against you**

너희가 나 때문에 모욕을 당하고, 박해를 받고, 터무니없는 말로 온갖 비난을 받으면, 복이 있다.

"Blessed are you when people insult you, persecute you and falsely say all kinds of evil against you **because of me.**

"Blessed are you when people insult you, persecute you and falsely say all kinds of evil against you because of me.

• **5:12**

너희는 기뻐하고 즐거워하여라.

Rejoice and be glad,

너희는 기뻐하고 즐거워하여라. 하늘에서 받을 너희의 상이 크기 때문이다.

Rejoice and be glad, **because great is your reward in heaven,**

너희는 기뻐하고 즐거워하여라. 하늘에서 받을 너희의 상이 크기 때문이다. 너희보다 먼저 온 예언자들도 이와 같이 박해를 받았다."

Rejoice and be glad, because great is your reward in heaven, **for in the same way they persecuted the prophets who were before you.**

Rejoice and be glad, because great is your reward in heaven, for in the same way they persecuted the prophets who were before you.

---

mountainside n. 산비탈 | meek adj. 온순한, 온화한 | inherit v. 상속받다
persecute v. 박해하다

46

말씀 읊조리기 – 1단계

각 절의 시작하는 단어를 보면서 외운 말씀 전체를 소리 내어 읊조리십시오.

1   Now when Jesus saw
2   and he began to
3   "Blessed are the poor
4   Blessed are those who mourn,
5   Blessed are the meek,
6   Blessed are those who hunger and thirst
7   Blessed are the merciful,
8   Blessed are the pure in
9   Blessed are the peacemakers,
10   Blessed are those who are persecuted
11   "Blessed are you when people insult you,
12   Rejoice and be glad,

말씀 읊조리기 – 2단계

우리말 본문을 눈으로 읽으면서 영어로 소리 내어 읊조리십시오.

1 예수께서 무리를 보시고, 산에 올라가 앉으시니, 제자들이 그에게 나아왔다.

2 예수께서 입을 열어서 그들을 가르치셨다.

3 "마음이 가난한 사람은 복이 있다. 하늘나라가 그들의 것이다.

4 슬퍼하는 사람은 복이 있다. 하나님이 그들을 위로하실 것이다.

5 온유한 사람은 복이 있다. 그들이 땅을 차지할 것이다.

6 의에 주리고 목마른 사람은 복이 있다. 그들이 배부를 것이다.

7 자비한 사람은 복이 있다. 하나님이 그들을 자비롭게 대하실 것이다.

8 마음이 깨끗한 사람은 복이 있다. 그들이 하나님을 볼 것이다.

9 평화를 이루는 사람은 복이 있다. 하나님이 그들을 자기의 자녀라고 부르실 것이다.

10 의를 위하여 박해를 받은 사람은 복이 있다. 하늘나라가 그들의 것이다.

11 너희가 나 때문에 모욕을 당하고, 박해를 받고, 터무니없는 말로 온갖 비난을 받으면, 복이 있다.

12 너희는 기뻐하고 즐거워하여라. 하늘에서 받을 너희의 상이 크기 때문이다. 너희보다 먼저 온 예언자들도 이와 같이 박해를 받았다."

묵상하기 – 하늘의 복을 받은 사람
외운 말씀을 되새기며 성령께서 말씀하시는 소리에 귀를 기울이십시오.

복은 하나님으로부터 온다. 하나님을 믿어야 복을 받는다. 복이 하나님으로부터 오는 것을 모르는 사람은 스스로 복을 만들어서 헛된 복을 찾으려고 발버둥친다.

하늘의 복을 받은 사람은 이 땅에서도 기뻐하고 즐거워한다. 모욕을 당해도, 박해를 받아도, 터무니없는 말로 온갖 비난을 받아도 그 기쁨을 잃지 않는다. 그러므로 하늘에서 상 받을 사람은 누가 봐도 안다.

순종 노트
순종해야 할 일이 생각났으면 적고 행하십시오. 믿음과 순종은 하나여야 합니다.

하늘에 계신 아버지께 영광을 돌리게 하여라 (5:13-16)

말씀 읽기

전체 내용이 이해될 때까지 본문을 소리 내어 또박또박 읽으십시오.

13 "너희는 세상의 소금이다. 소금이 짠맛을 잃으면, 무엇으로 그 짠맛을 되찾게 하겠느냐? 짠맛을 잃은 소금은 아무데도 쓸데가 없으므로, 바깥에 내버려서 사람들이 짓밟을 뿐이다.

14 너희는 세상의 빛이다. 산 위에 세운 마을은 숨길 수 없다.

15 또 사람이 등불을 켜서 말 아래에다 내려놓지 아니하고, 등경 위에다 놓아둔다. 그래야 등불이 집 안에 있는 모든 사람에게 환히 비친다.

16 이와 같이, 너희 빛을 사람에게 비추어서, 그들이 너희의 착한 행실을 보고, 하늘에 계신 너희 아버지께 영광을 돌리게 하여라."

말씀 외우기

우리말로 먼저 읽고 영문으로 크게 소리 내어 읽으며 천천히 정확하게 외우십시오.

• **5:13**

"너희는 세상의 소금이다.

"You are the salt of the earth.

"너희는 세상의 소금이다. 소금이 짠맛을 잃으면,

"You are the salt of the earth. **But if the salt loses its saltiness,**

"너희는 세상의 소금이다. 소금이 짠맛을 잃으면, 무엇으로 짠맛을 되찾게 하겠느냐?
"You are the salt of the earth. But if the salt loses its saltiness, **how can it be made salty again?**

"너희는 세상의 소금이다. 소금이 짠맛을 잃으면, 무엇으로 짠맛을 되찾게 하겠느냐? 짠맛을 잃은 소금은 아무데도 쓸데가 없으므로,
"You are the salt of the earth. But if the salt loses its saltiness, how can it be made salty again? **It is no longer good for anything,**

"너희는 세상의 소금이다. 소금이 짠맛을 잃으면, 무엇으로 짠맛을 되찾게 하겠느냐? 짠맛을 잃으면 아무데도 쓸데가 없으므로, 바깥에 내버려서 사람들이 짓밟을 뿐이다.
"You are the salt of the earth. But if the salt loses its saltiness, how can it be made salty again? It is no longer good for anything, **except to be thrown out and trampled by men.**

"You are the salt of the earth. But if the salt loses its saltiness, how can it be made salty again? It is no longer good for anything, except to be thrown out and trampled by men."

• **5:14**

너희는 세상의 빛이다.
"You are the light of the world.

너희는 세상의 빛이다. 산 위에 세운 마을은 숨길 수 없다.
"You are the light of the world. **A city on a hill cannot be hidden.**

50

"You are the light of the world. A city on a hill cannot be hidden."

• 5:15

또 사람이 등불을 켜서 말 아래에다 내려놓지 아니하고,
Neither do people light a lamp and put it under a bowl.

또 사람이 등불을 켜서 말 아래에다 내려놓지 아니하고, 등경 위에다 놓아둔다.
Neither do people light a lamp and put it under a bowl. **Instead they put it on its stand,**

또 사람이 등불을 켜서 말 아래에다 내려놓지 아니하고, 등경 위에다 놓아둔다. 그래야 등불이 집 안에 있는 모든 사람에게 환히 비친다.
Neither do people light a lamp and put it under a bowl. Instead they put it on its stand, **and it gives light to everyone in the house.**

Neither do people light a lamp and put it under a bowl. Instead they put it on its stand, and it gives light to everyone in the house.

• 5:16

이와 같이, 너희 빛을 사람에게 비추어서,
In the same way, let your light shine before others,

이와 같이, 너희 빛을 사람에게 비추어서, 그들이 너희의 착한 행실을 보고,
In the same way, let your light shine before others, **that they may see your good deeds**

이와 같이, 너희 빛을 사람에게 비추어서, 그들이 너희의 착한 행실을 보고, 하늘에 계신 너희 아버지께 영광을 돌리게 하여라."

In the same way, let your light shine before men, that they may see your good deeds **and praise your Father in heaven.**

In the same way, let your light shine before men, that they may see your good deeds and praise your Father in heaven.

---

trample v. 짓밟다 | **deed** n. 행위, 행동

말씀 읊조리기 – 1단계
각 절의 시작하는 단어를 보면서 외운 말씀 전체를 소리 내어 읊조리십시오.

13 "You are the salt
14 "You are the light
15 Neither do people light
16 In the same way,

말씀 읊조리기 – 2단계
우리말 본문을 눈으로 읽으면서 영어로 소리 내어 읊조리십시오.

13 "너희는 세상의 소금이다. 소금이 짠맛을 잃으면, 무엇으로 그 짠맛을 되찾게 하겠느냐? 짠맛을 잃은 소금은 아무데도 쓸데가 없으므로, 바깥에 내버려서 사람들이 짓밟을 뿐이다.
14 너희는 세상의 빛이다. 산 위에 세운 마을은 숨길 수 없다.
15 또 사람이 등불을 켜서 말 아래에다 내려놓지 아니하고, 등경 위에다 놓아둔다. 그래야 등불이 집 안에 있는 모든 사람에게 환히 비친다.
16 이와 같이, 너희 빛을 사람에게 비추어서, 그들이 너희의 착한 행실을 보고, 하늘에 계신 너희 아버지께 영광을 돌리게 하여라."

묵상하기 – 소금과 빛
외운 말씀을 되새기며 성령께서 말씀하시는 소리에 귀를 기울이십시오.

소금은 맛으로 세상의 부패를 막고 빛은 밝음으로 세상의 어두움을 몰아낸다. 우리가 딛고 있는 세상이 부패했다면 우리가 맛을 잃은 소금이기 때문이고, 우리가 서 있는 땅이 어둡다면 우리가 빛을 잃은 등이기 때문이다.
주님은 영광의 본체시지만 우리의 선한 행실을 통해 영광받으시기를 기뻐하신다.

순종 노트
순종해야 할 일이 생각났으면 적고 행하십시오. 믿음과 순종은 하나여야 합니다.

나는 율법을 완성하러 왔다
(5:17-20)

말씀 읽기
전체 내용이 이해될 때까지 본문을 소리 내어 또박또박 읽으십시오.

17 "내가 율법이나 예언자들의 말을 폐하러 온 줄로 생각하지 말아라. 폐하러 온 것이 아니라, 완성하러 왔다.

18 내가 진정으로 너희에게 말한다. 천지가 없어지기 전에는 율법은 일점일획도 없어지지 않고, 다 이루어질 것이다.

19 그러므로 누구든지 이 계명 가운데 아주 작은 것 하나라도 어기고 사람들을 그렇게 가르치는 사람은, 하늘나라에서 아주 작은 사람으로 일컬어질 것이요, 또 누구든지 계명을 행하며 가르치는 사람은, 하늘나라에서 큰사람이라고 일컬어질 것이다.

20 내가 너희에게 말한다. 너희의 의가 율법학자들과 바리새파 사람들의 의보다 낫지 않으면, 너희는 하늘나라에 들어가지 못할 것이다."

말씀 외우기
우리말로 먼저 읽고 영문으로 크게 소리 내어 읽으며 천천히 정확하게 외우십시오.

→ **5:17**

"내가 폐하러 온 줄로 생각하지 말아라.

"Do not think that I have come to abolish

54

"내가 율법이나 예언자들의 말을 폐하러 온 줄로 생각하지 말아라.

"Do not think that I have come to abolish **the Law or the Prophets;**

"내가 율법이나 예언자들의 말을 폐하러 온 줄로 생각하지 말아라. 폐하러 온 것이 아니라, 완성하러 왔다.

"Do not think that I have come to abolish the Law or the Prophets; **I have not come to abolish them but to fulfill them.**

"Do not think that I have come to abolish the Law or the Prophets; I have not come to abolish them but to fulfill them."

• **5:18**

내가 진정으로 너희에게 말한다.

I tell you the truth,

내가 진정으로 너희에게 말한다. 천지가 없어지기 전에는

I tell you the truth, **until heaven and earth disappear,**

내가 진정으로 너희에게 말한다. 천지가 없어지기 전에는 율법은 일점일획도 없어지지 않고,

I tell you the truth, until heaven and earth disappear, **not the smallest letter, not the least stroke of a pen, will by any means disappear from the Law**

내가 진정으로 너희에게 말한다. 천지가 없어지기 전에는 율법은 일점일획도 없어지지 않고, 다 이루어질 것이다.

I tell you the truth, until heaven and earth disappear, not the smallest letter, not the least stroke of a pen, will by any means disappear from the Law **until everything is accomplished.**

I tell you, the truth until heaven and earth disappear, not the smallest letter, not the least stroke of a pen, will by any means disappear from the Law until everything is accomplished.

• 5:19

그러므로 누구든지 이 계명 가운데 아주 작은 것 하나라도 어기고

Anyone who breaks one of the least of these commandments

그러므로 누구든지 이 계명 가운데 아주 작은 것 하나라도 어기고 사람들을 그렇게 가르치는 사람은,

Anyone who breaks one of the least of these commandments **and teaches others to do the same**

그러므로 누구든지 이 계명 가운데 아주 작은 것 하나라도 어기고 사람들을 그렇게 가르치는 사람은, 하늘나라에서 아주 작은 사람으로 일컬어질 것이요,

Anyone who breaks one of the least of these commandments and teaches others to do the same **will be called least in the kingdom of heaven,**

그러므로 누구든지 이 계명 가운데 아주 작은 것 하나라도 어기고 사람들을 그렇게 가르치는 사람은, 하늘나라에서 아주 작은 사람으로 일컬어질 것이요, 또 누구든지 이 계명을 행하며 가르치는 사람은,

Anyone who breaks one of the least of these commandments and teaches others to do the same will be called least in the kingdom of heaven, **but whoever practices and teaches these commands**

그러므로 누구든지 이 계명 가운데 아주 작은 것 하나라도 어기고 사람들을 그렇게 가르치는 사람은, 하늘나라에서 아주 작은 사람으로 일컬어질 것이요, 또 누구든지 이 계명을 행하며 가르치는 사람은, 하늘나라에서 큰사람이라고 일컬

어질 것이다.

Anyone who breaks one of the least of these commandments and teaches others to do the same will be called least in the kingdom of heaven, but whoever practices and teaches these commands **will be called great in the kingdom of heaven.**

Anyone who breaks one of the least of these commandments and teaches others to do the same will be called least in the kingdom of heaven, but whoever practices and teaches these commands will be called great in the kingdom of heaven.

• 5:20

내가 너희에게 말한다.

For I tell you

내가 너희에게 말한다. 너희의 의가 낫지 않으면,

For I tell you **that unless your righteousness surpasses**

내가 너희에게 말한다. 너희의 의가 율법학자들과 바리새파 사람들의 의보다 낫지 않으면,

For I tell you that unless your righteousness surpasses **that of the Pharisees and the teachers of the law,**

내가 너희에게 말한다. 너희의 의가 율법학자들과 바리새파 사람들의 의보다 낫지 않으면, 니희는 하늘나라에 들어가지 못할 것이다.”

For I tell you that unless your righteousness surpasses that of the Pharisees and the teachers of the law, **you will certainly not enter the kingdom of heaven.**

For I tell you that unless your righteousness surpasses that of the Pharisees and the teachers of the law, you will certainly not enter the kingdom of heaven.

abolish v. 폐지하다 | surpass v. 능가하다

말씀 읊조리기 – 1단계
각 절의 시작하는 단어를 보면서 외운 말씀 전체를 소리 내어 읊조리십시오.

17 "Do not think
18 I tell you the truth,
19 Anyone who
20 For I tell you

말씀 읊조리기 – 2단계
우리말 본문을 눈으로 읽으면서 영어로 소리 내어 읊조리십시오.

17 "내가 율법이나 예언자들의 말을 폐하러 온 줄로 생각하지 말아라. 폐하러 온 것이 아니라, 완성하러 왔다.
18 내가 진정으로 너희에게 말한다. 천지가 없어지기 전에는 율법은 일점일획도 없어지지 않고, 다 이루어질 것이다.
19 그러므로 누구든지 이 계명 가운데 아주 작은 것 하나라도 어기고 사람들을 그렇게 가르치는 사람은, 하늘나라에서 아주 작은 사람으로 일컬어질 것이요, 또 누구든지 계명을 행하며 가르치는 사람은, 하늘나라에서 큰사람이라고 일컬어질 것이다.
20 내가 너희에게 말한다. 너희의 의가 율법학자들과 바리새파 사람들의 의보다 낫지 않으면, 너희는 하늘나라에 들어가지 못할 것이다."

묵상하기 – 율법에 관한 주님의 가르침

외운 말씀을 되새기며 성령께서 말씀하시는 소리에 귀를 기울이십시오.

1. 율법을 폐하러 오신 것이 아니라 완성하기 위해 오셨다.
2. 세상이 없어지기 전에는 율법의 일점일획도 없어지지 않고 다 이루어진다.
3. 율법의 계명 가운데 가장 작은 것 하나라도 폐지하거나 다르게 가르치면 안 된다.
4. 이 계명을 지키며 가르치는 사람은 큰 칭찬을 받게 된다.

우리는 율법에 관해 오해하고 있다. 이는 서신서의 가르침에 대한 오해이자, '율법'과 '율법주의'에 대한 혼동에서도 야기되었다. 율법의 완성자이신 주님의 가르침을 받아들여 우린 그것을 읽고 외우고 따라야 한다.

순종 노트

순종해야 할 일이 생각났으면 적고 행하십시오. 믿음과 순종은 하나여야 합니다.

먼저 가서 네 형제나 자매와 화해하여라
(5:21-26)

말씀 읽기

전체 내용이 이해될 때까지 본문을 소리 내어 또박또박 읽으십시오.

21 "옛 사람들에게 말하기를 '살인하지 말아라. 누구든지 살인하는 사람은 재판을 받아야 할 것이다' 한 것을 너희는 들었다.

22 그러나 나는 너희에게 말한다. 자기 형제나 자매에게 성내는 사람은, 누구나 심판을 받는다. 자기 형제나 자매에게 얼간이라고 말하는 사람은, 누구나 공의회에 불려갈 것이요, 또 바보라고 말하는 사람은 지옥불 속에 던져질 것이다.

23 그러므로 네가 제단에 제물을 드리려고 하다가, 네 형제나 자매가 네게 어떤 원한을 품고 있다는 생각이 나거든,

24 너는 그 제물을 제단 앞에 놓아두고, 먼저 가서 네 형제나 자매와 화해하여라. 그런 다음에 돌아와서 제물을 드려라.

25 너를 고소하는 사람과 함께 법정으로 갈 때에는, 도중에 얼른 그와 화해하도록 하여라. 그렇지 않으면, 고소하는 사람이 너를 재판관에게 넘겨주고, 재판관은 형무소 관리에게 넘겨주어서, 그가 너를 감옥에 집어넣을 것이다.

26 내가 진정으로 너희에게 말한다. 너희가 마지막 한 푼까지 다 갚기 전에는, 거기에서 나오지 못할 것이다."

말씀 외우기

우리말로 먼저 읽고 영문으로 크게 소리 내어 읽으며 천천히 정확하게 외우십시오.

"옛 사람들에게 말하기를 너희는 들었다.

"You have heard that it was said to the people long ago,

"옛 사람들에게 말하기를 '살인하지 말아라.' 한 것을 너희는 들었다.

"You have heard that it was said to the people long ago, **'Do not murder,**

"옛 사람들에게 말하기를 '살인하지 말아라. 누구든지 살인하는 사람은 재판을 받아야 할 것이다' 한 것을 너희는 들었다.

"You have heard that it was said to the people long ago, 'Do not murder, **and anyone who murders will be subject to judgment.'**

"You have heard that it was said to the people long ago, 'Do not murder, and anyone who murders will be subject to judgment.'"

●--→ **5:22**

그러나 나는 너희에게 말한다. 자기 형제나 자매에게 성내는 사람은, 누구나

But I tell you that anyone who is angry with a brother

그러나 나는 너희에게 말한다. 자기 형제나 자매에게 성내는 사람은, 누구나 심판을 받는다.

But I tell you that anyone who is angry with a brother **will be subject to judgment.**

그러나 나는 너희에게 말한다. 자기 형제나 자매에게 성내는 사람은, 누구나 심판을 받는다. 자기 형제나 자매에게 얼간이라고 말하는 사람은, 누구나 공의 회에 불려갈 것이요,

But I tell you that anyone who is angry with his brother will be subject to judgment. **Again, anyone who says to his brother, 'Raca,' is answerable to the Sanhedrin.**

그러나 나는 너희에게 말한다. 자기 형제나 자매에게 성내는 사람은, 누구나 심판을 받는다. 자기 형제나 자매에게 얼간이라고 말하는 사람은, 누구나 공의회에 불려갈 것이요, 또 바보라고 말하는 사람은 지옥불 속에 던져질 것이다.
But I tell you that anyone who is angry with his brother will be subject to judgment. Again, anyone who says to his brother, 'Raca,' is answerable to the Sanhedrin. **But anyone who says, 'You fool!' will be in danger of the fire of hell.**

But I tell you that anyone who is angry with his brother will be subject to judgment. Again, anyone who says to his brother, 'Raca,' is answerable to the Sanhedrin. But anyone who says, 'You fool!' will be in danger of the fire of hell.

5:23

그러므로 네가 제단에 제물을 드리려고 하다가,
"Therefore, if you are offering your gift at the altar

그러므로 네가 제단에 제물을 드리려고 하다가, 네 형제나 자매가 네게 어떤 원한을 품고 있다는 생각이 나거든,
"Therefore, if you are offering your gift at the altar **and there remember that your brother has something against you,**

"Therefore, if you are offering your gift at the altar and there remember that your brother has something against you,

너는 그 제물을 제단 앞에 놓아두고,

leave your gift there in front of the altar.

너는 그 제물을 제단 앞에 놓아두고, 먼저 가서 네 형제나 자매와 화해하여라.

leave your gift there in front of the altar. **First go and be reconciled to your brother;**

너는 그 제물을 제단 앞에 놓아두고, 먼저 가서 네 형제나 자매와 화해하여라. 그런 다음에 돌아와서 제물을 드려라.

leave your gift there in front of the altar. First go and be reconciled to your brother; **then come and offer your gift.**

leave your gift there in front of the altar. First go and be reconciled to your brother; then come and offer your gift.

너를 고소하는 사람과 함께 법정으로 갈 때에는,

Settle matters quickly with your adversary who is taking you to court.

너를 고소하는 사람과 함께 법정으로 갈 때에는, 도중에 얼른 그와 화해하도록 하여라.

Settle matters quickly with your adversary who is taking you to court. **Do it while you are still with him on the way,**

너를 고소하는 사람과 함께 법정으로 갈 때에는, 도중에 얼른 그와 화해하도록 하여라. 그렇지 않으면, 고소하는 사람이 너를 재판관에게 넘겨주고,

Settle matters quickly with your adversary who is taking you to court. Do it while you are still with him on the way, **or he may hand you over** to the judge,

너를 고소하는 사람과 함께 법정으로 갈 때에는, 도중에 얼른 그와 화해하도록 하여라. 그렇지 않으면, 고소하는 사람이 너를 재판관에게 넘겨주고, 재판관은 형무소 관리에게 넘겨주어서,
Settle matters quickly with your adversary who is taking you to court. Do it while you are still him on the way, or he may hand you over to the judge, **and the judge may hand you over to the officer,**

너를 고소하는 사람과 함께 법정으로 갈 때에는, 도중에 얼른 그와 화해하도록 하여라. 그렇지 않으면, 고소하는 사람이 너를 재판관에게 넘겨주고, 재판관은 형무소 관리에게 넘겨주어서, 그가 너를 감옥에 집어넣을 것이다.
Settle matters quickly with your adversary who is taking you to court. Do it while you are still with him on the way, or he may hand you over to the judge, and the judge may hand you over to the officer, **and you may be thrown into prison.**

Settle matters quickly with your adversary who is taking you to court. Do it while you are still with him on the way, or he may hand you over to the judge, and the judge may hand you over to the officer, and you may be thrown into prison.

5:26

내가 진정으로 너희에게 말한다. 너희가 거기에서 나오지 못할 것이다."
I tell you the truth, you will not get out

내가 진정으로 너희에게 말한다. 너희가 마지막 한 푼까지 다 갚기 전에는, 거기에서 나오지 못할 것이다."
I tell you the truth, you will not get out **until you have paid the**

last penny.

I tell you the truth, you will not get out until you have paid the last penny.

---

raca adj. 쓸모없는, 하찮은 | **altar** n. 제단 | **reconcile** v. 조화시키다
adversary n. 상대방(적수)

말씀 읊조리기 – 1단계
각 절의 시작하는 단어를 보면서 외운 말씀 전체를 소리 내어 읊조리십시오.

21 "You have heard
22 But I tell you that anyone who
23 "Therefore, if you are offering your gift
24 leave your gift there
25 "Settle matters quickly
26 I tell you the truth,

말씀 읊조리기 – 2단계
우리말 본문을 눈으로 읽으면서 영어로 소리 내어 읊조리십시오.

21 "옛 사람들에게 말하기를 '살인하지 말아라. 누구든지 살인하는 사람은 재판을 받아야 할 것이다' 한 것을 너희는 들었다.
22 그러나 나는 너희에게 말한다. 자기 형제나 자매에게 성내는 사람은, 누구나 심판을 받는다. 자기 형제나 자매에게 얼간이라고 말하는 사람은, 누구나 공의회에 불려갈 것이요, 또 바보라고 말하는 사람은 지옥불 속에 던져질 것이다.
23 그러므로 네가 제단에 제물을 드리려고 하다가, 네 형제나 자매가 네게 어떤

원한을 품고 있다는 생각이 나거든,

24 너는 그 제물을 제단 앞에 놓아두고, 먼저 가서 네 형제나 자매와 화해하여라. 그런 다음에 돌아와서 제물을 드려라.

25 너를 고소하는 사람과 함께 법정으로 갈 때에는, 도중에 얼른 그와 화해하도록 하여라. 그렇지 않으면, 고소하는 사람이 너를 재판관에게 넘겨주고, 재판관은 형무소 관리에게 넘겨주어서, 그가 너를 감옥에 집어넣을 것이다.

26 내가 진정으로 너희에게 말한다. 너희가 마지막 한 푼까지 다 갚기 전에는, 거기에서 나오지 못할 것이다."

묵상하기 – 주님을 섬기는 사람
외운 말씀을 되새기며 성령께서 말씀하시는 소리에 귀를 기울이십시오.

주님을 섬기는 사람은 형제자매도 섬긴다. 주님을 찬양하는 사람은 형제를 욕할 수 없다. 주님께 제물을 드려 기쁨을 드리는 사람은 형제에게도 인색함으로 원망 듣지 않는 사람이다. 그리고 남을 고소하지 않을 뿐 아니라 남에게 고소당하지도 않는다. 그들은 화해자이기 때문이다.

 ## 순종 노트
순종해야 할 일이 생각났으면 적고 행하십시오. 믿음과 순종은 하나여야 합니다.

간음하지 말아라
(5:27-32)

말씀 읽기
전체 내용이 이해될 때까지 본문을 소리 내어 또박또박 읽으십시오.

27 "'간음하지 말아라' 하고 말한 것을, 너희는 들었다.

28 그러나 나는 너희에게 말한다. 여자를 보고 음욕을 품는 사람은 이미 마음으로 그 여자를 범하였다.

29 네 오른 눈이 너로 하여금 죄를 짓게 하거든, 빼서 내버려라. 신체의 한 부분을 잃는 것이, 온몸이 지옥에 던져지는 것보다 더 낫다.

30 또 네 오른손이 너로 하여금 죄를 짓게 하거든, 찍어서 내버려라. 신체의 한 부분을 잃는 것이, 온몸이 지옥에 던져지는 것보다 더 낫다."

31 "'누구든지 아내를 버리려는 사람은 그에게 이혼 증서를 써주어라' 하고 말하였다.

32 그러나 나는 너희에게 말한다. 음행을 한 경우를 제외하고 아내를 버리는 사람은 그 여자를 간음하게 하는 것이요, 또 버림받은 여자와 결혼하는 사람은 누구든지 간음하는 것이다."

말씀 외우기
우리말로 먼저 읽고 영문으로 크게 소리 내어 읽으며 천천히 정확하게 외우십시오.

• **5:27**

너희는 들었다.

"You have heard that it was said,

"'간음하지 말아라' 하고 말한 것을, 너희는 들었다.
"You have heard that it was said, **'Do not commit adultery.'**

"You have heard that it was said, 'Do not commit adultery.'

• **5:28**

그러나 나는 너희에게 말한다. 여자를 보고 음욕을 품는 사람은
But I tell you that anyone who looks at a woman lustfully

그러나 나는 너희에게 말한다. 여자를 보고 음욕을 품는 사람은 이미 마음으로 그 여자를 범하였다.
But I tell you that anyone who looks at a woman lustfully **has already committed adultery with her in his heart.**

But I tell you that anyone who looks at a woman lustfully has already committed adultery with her in his heart.

• **5:29**

네 오른 눈이 너로 하여금 죄를 짓게 하거든,
If your right eye causes you to sin,

네 오른 눈이 너로 하여금 죄를 짓게 하거든, 그것을 빼서 내버려라.
If your right eye causes you to sin, **gouge it out and throw it away.**

네 오른 눈이 너로 하여금 죄를 짓게 하거든, 그것을 빼서 내버려라. 신체의 한

부분을 잃는 것이, 더 낫다.

If your right eye causes you to sin, gouge it out and throw it away. **It is better for you to lose one part of your body**

네 오른 눈이 너로 하여금 죄를 짓게 하거든, 빼서 내버려라. 신체의 한 부분을 잃는 것이, 온몸이 지옥에 던져지는 것보다 더 낫다.

If your right eye causes you to sin, gouge it out and throw it away. It is better for you to lose one part of your body **than for your whole body to be thrown into hell.**

If your right eye causes you to sin, gouge it out and throw it away. It is better for you to lose one part of your body than for your whole body to be thrown into hell.

• 5:30

또 네 오른손이 너로 하여금 죄를 짓게 하거든,

And if your right hand causes you to sin,

또 네 오른손이 너로 하여금 죄를 짓게 하거든, 그것을 찍어서 내버려라.

And if your right hand causes you to sin, **cut it off and throw it away.**

또 네 오른손이 너로 하여금 죄를 짓게 하거든, 그것을 찍어서 내버려라. 신체의 한 부분을 잃는 것이, 더 낫다."

And if your right hand causes you to sin, cut it off and throw it away. **It is better for you to lose one part of your body**

또 네 오른손이 너로 하여금 죄를 짓게 하거든, 그것을 찍어서 내버려라. 신체의 한 부분을 잃는 것이, 온몸이 지옥에 던져지는 것보다 더 낫다."

And if your right hand causes you to sin, cut it off and throw it away.

It is better for you to lose one part of your body **than for your whole body to go into hell.**

And if your right hand causes you to sin, cut it off and throw it away. It is better for you to lose one part of your body than for your whole body to go into hell.

➔ **5:31**

말하였다.

"It has been said,

"'누구든지 아내를 버리려는 사람은 그에게 이혼 증서를 써주어라' 하고 말하였다.

"It has been said, **'Anyone who divorces his wife must give her a certificate of divorce.'**

"It has been said, 'Anyone who divorces his wife must give her a certificate of divorce.'

➔ **5:32**

그러나 나는 너희에게 말한다. 아내를 버리는 사람은

But I tell you that anyone who divorces his wife,

그러나 나는 너희에게 말한다. 음행을 한 경우를 제외하고 아내를 버리는 사람은

But I tell you that anyone who divorces his wife, **except for marital unfaithfulness,**

그러나 나는 너희에게 말한다. 음행한 경우를 제외하고 아내를 버리는 사람은

그 여자를 간음하게 하는 것이요,

But I tell you that anyone who divorces his wife, except for marital unfaithfulness, **causes her to become an adulteress,**

그러나 나는 너희에게 말한다. 음행한 경우를 제외하고 아내를 버리는 사람은 그 여자를 간음하게 하는 것이요, 또 버림받은 여자와 결혼하는 사람은 누구든지 간음하는 것이다."

But I tell you that anyone who divorces his wife, except for marital unfaithfulness, causes her to become an adulteress, **and anyone who marries the divorced woman commits adultery.**

But I tell you that anyone who divorces his wife, except for marital unfaithfulness, causes her to become an adulteress, and anyone who marries the divorced woman commits adultery.

---

commit v. 저지르다, 범하다 | lustfully adv. 탐욕스럽게, 음탕하게
gouge something out v. ∼을 도려내다 | marital adj. 결혼의

말씀 읊조리기 – 1단계
각 절의 시작하는 단어를 보면서 외운 말씀 전체를 소리 내어 읊조리십시오.

27 "You have heard
28 But I tell you that
29 If your right eye causes you
30 And if your right hand causes you
31 "It has been said, 'Anyone who divorces
32 But I tell you that anyone who divorces

말씀 읊조리기 – 2단계
우리말 본문을 눈으로 읽으면서 영어로 소리 내어 읊조리십시오.

27 "'간음하지 말아라' 하고 말한 것을, 너희는 들었다.

28 그러나 나는 너희에게 말한다. 여자를 보고 음욕을 품는 사람은 이미 마음으로 그 여자를 범하였다.

29 네 오른 눈이 너로 하여금 죄를 짓게 하거든, 빼서 내버려라. 신체의 한 부분을 잃는 것이, 온몸이 지옥에 던져지는 것보다 더 낫다.

30 또 네 오른손이 너로 하여금 죄를 짓게 하거든, 찍어서 내버려라. 신체의 한 부분을 잃는 것이, 온몸이 지옥에 던져지는 것보다 더 낫다.

31 '누구든지 아내를 버리려는 사람은 그에게 이혼 증서를 써주어라' 하고 말하였다.

32 그러나 나는 너희에게 말한다. 음행을 한 경우를 제외하고 아내를 버리는 사람은 그 여자를 간음하게 하는 것이요, 또 버림받은 여자와 결혼하는 사람은 누구든지 간음하는 것이다."

묵상하기 – 순종하는 자가 누리는 천국
외운 말씀을 되새기며 성령께서 말씀하시는 소리에 귀를 기울이십시오.

음란에서 이기면 성자가 된다. 주님은 유독 간음의 죄에 대해 말씀하실 때 정결케 되기 위해서라면 눈을 뽑고 오른손을 자르라 하신다. 내가 아는 어느 목사님은 음란한 생각이 들 때마다 30초 가량 숨을 멈춘다고 한다. 다른 목사님은 수십 개의 바늘을 묶어 그것으로 허벅지를 찌른다고 했다. 가만히 지고 있으면 안 된다. 소리치고 일어서면 이길 수 있다. 사탄을 이기는 일은 주님의 말씀에 순종하는 것밖에 없다.

오른손과 오른쪽 눈을 자르고 파내어 한쪽 팔과 눈이 없는 성도들이 천국에는 많이 있을 것이다. 순종한 이들만이 얻을 수 있는 천국이다.

순종 노트

순종해야 할 일이 생각났으면 적고 행하십시오. 믿음과 순종은 하나여야 합니다.

아예 맹세하지 말아라
(5:33-37)

말씀 읽기
전체 내용이 이해될 때까지 본문을 소리 내어 또박또박 읽으십시오.

33 "옛 사람들에게 말하기를 '너는 거짓 맹세를 하지 말아야 하고, 네가 맹세한 것은 그대로 주님께 지켜야 한다' 한 것을, 너희는 또한 들었다.

34 그러나 나는 너희에게 말한다. 아예 맹세하지 말아라. 하늘을 두고도 맹세하지 말아라. 그것은 하나님의 보좌이기 때문이다.

35 땅을 두고도 맹세하지 말아라. 그것은 하나님께서 발을 놓으시는 발판이기 때문이다. 예루살렘을 두고도 맹세하지 말아라. 그것은 크신 임금님의 도성이기 때문이다.

36 네 머리를 두고도 맹세하지 말아라. 너는 머리카락 하나라도 희게 하거나 검게 할 수 없기 때문이다.

37 너희는 '예' 할 때에는 '예'라는 말만 하고, '아니오' 할 때에는 '아니오'라는 말만 하여라. 이보다 지나치는 것은 악에서 나오는 것이다."

말씀 외우기
우리말로 먼저 읽고 영문으로 크게 소리 내어 읽으며 천천히 정확하게 외우십시오.

5:33

"옛 사람들에게 말하기를 너희는 또한 들었다.

"Again, you have heard that it was said to the people long ago,

"옛 사람들에게 말하기를 '너는 거짓 맹세를 하지 말아야 하고, 너희는 또한 들었다.

"Again, you have heard that it was said to the people long ago, **'Do not break your oath,**

"옛 사람들에게 말하기를 '너는 거짓 맹세를 하지 말아야 하고, 네가 맹세한 것은 그대로 주님께 지켜야 한다' 한 것을, 너희는 또한 들었다.

"Again, you have heard that it was said to the people long ago, 'Do not break your oath, **but keep the oaths you have madel to the Lord.'**

"Again, you have heard that it was said to the people long ago, 'Do not break your oath, but keep the oaths you have madel to the Lord.'

• 5:34

그러나 나는 너희에게 말한다. 아예 맹세하지 말아라.

But I tell you, Do not swear at all:

그러나 나는 너희에게 말한다. 아예 맹세하지 말아라. 하늘을 두고도 맹세하지 말아라. 그것은 하나님의 보좌이기 때문이다.

But I tell you, Do not swear at all: **either by heaven, for it is God's throne;**

But I tell you, Do not swear at all: either by heaven, for it is God's throne;

• 5:35

땅을 두고도 맹세하지 말아라. 그것은 하나님께서 발을 놓으시는 발판이기 때문이다.

or by the earth, for it is his footstool;

땅을 두고도 맹세하지 말아라. 그것은 하나님께서 발을 놓으시는 발판이기 때문이다. 예루살렘을 두고도 맹세하지 말아라. 그것은 크신 임금님의 도성이기 때문이다.

or by the earth, for it is his footstool; **or by Jerusalem, for it is the city of the Great King.**

or by the earth, for it is his footstool; or by Jerusalem, for it is the city of the Great King.

5:36

네 머리를 두고도 맹세하지 말아라.

And do not swear by your head,

네 머리를 두고도 맹세하지 말아라. 너는 머리카락 하나라도 희게 하거나 검게 할 수 없기 때문이다.

And do not swear by your head, **for you cannot make even one hair white or black.**

And do not swear by your head, for you cannot make even one hair white or black.

5:37

너희는 '예' 할 때에는 '예'라는 말만 하고, '아니오' 할 때에는 '아니오'라는 말만 하여라.

Simply let your 'Yes' be 'Yes', and your 'No', 'No';

너희는 '예' 할 때에는 '예'라는 말만 하고, '아니오' 할 때에는 '아니오'라는 말만 하여라. 이보다 지나치는 것은 악에서 나오는 것이다."
Simply let your 'Yes' be 'Yes', and your 'No', 'No'; **anything beyond this comes from the evil one.**

Simply let your 'Yes' be 'Yes', and your 'No', 'No'; anything beyond this comes from the evil one.

---

oath n. 맹세

말씀 읊조리기 – 1단계
각 절의 시작하는 단어를 보면서 외운 말씀 전체를 소리 내어 읊조리십시오.

33 "Again, you have heard
34 But I tell you, Do not swear
35 or by the earth,
36 And do not swear by your head,
37 Simply let your

말씀 읊조리기 – 2단계
우리말 본문을 눈으로 읽으면서 영어로 소리 내어 읊조리십시오.

33 "옛 사람들에게 말하기를 '너는 거짓 맹세를 하지 말아야 하고, 네가 맹세한 것은 그대로 주님께 지켜야 한다' 한 것을, 너희는 또한 들었다.
34 그러나 나는 너희에게 말한다. 아예 맹세하지 말아라. 하늘을 두고도 맹세하

지 말아라. 그것은 하나님의 보좌이기 때문이다.

35 땅을 두고도 맹세하지 말아라. 그것은 하나님께서 발을 놓으시는 발판이기 때문이다. 예루살렘을 두고도 맹세하지 말아라. 그것은 크신 임금님의 도성이기 때문이다.

36 네 머리를 두고도 맹세하지 말아라. 너는 머리카락 하나라도 희게 하거나 검게 할 수 없기 때문이다.

37 너희는 '예' 할 때에는 '예'라는 말만 하고, '아니오' 할 때에는 '아니오'라는 말만 하여라. 이보다 지나치는 것은 악에서 나오는 것이다."

묵상하기 – 맹세하지 말라
외운 말씀을 되새기며 성령께서 말씀하시는 소리에 귀를 기울이십시오.

우리는 맹세는 신중히 하고 일단 맹세한 것은 그대로 지켜야 한다고 배웠다. 하지만 주님은 아예 맹세하지 말라고 하신다.

이유는 예라고 해야 할 때 '예'라고 하고, 아니라고 할 때 '아니다'라고 하면 맹세할 일이 없다는 것이다. 다시 말해 거짓말을 하지 않고 진실만을 말하면 맹세가 필요 없다.

이제껏 우리가 얼마나 많은 거짓을 말했으며 진실에 대해 무책임했는지 뒤돌아봐야 한다.

거짓말하는 자들은 "불과 유황으로 타오르는(계 21:8)" 지옥에 가게 된다는 사실도 거짓말을 자주 하다 보면 믿지 않게 된다.

순종 노트

순종해야 할 일이 생각났으면 적고 행하십시오. 믿음과 순종은 하나여야 합니다.

악한 자에게 선으로 맞서라
(5:38-42)

말씀 읽기
전체 내용이 이해될 때까지 본문을 소리 내어 또박또박 읽으십시오.

38 "'눈은 눈으로, 이는 이로 갚아라' 하고 말한 것을 너희는 들었다.

39 그러나 나는 너희에게 말한다. 악한 사람에게 맞서지 말아라. 누가 네 오른쪽 뺨을 치거든, 왼쪽 뺨마저 돌려 대어라.

40 너를 걸어 고소하여 네 속옷을 가지려는 사람에게는, 겉옷까지도 내주어라.

41 누가 너더러 억지로 오 리를 가자고 하거든, 십 리를 같이 가주어라.

42 네게 달라는 사람에게는 주고, 네게 꾸려고 하는 사람을 물리치지 말아라."

말씀 외우기
우리말로 먼저 읽고 영문으로 크게 소리 내어 읽으며 천천히 정확하게 외우십시오.

• 5:38

말한 것을 너희는 들었다.

"You have heard that it was said,

"'눈은 눈으로, 이는 이로 갚아라' 하고 말한 것을 너희는 들었다.

"You have heard that it was said, **'Eye for eye, and tooth for tooth.'**

"You have heard that it was said, 'Eye for eye, and tooth for tooth.'

5:39

그러나 나는 너희에게 말한다. 악한 사람에게 맞서지 말아라.

But I tell you, Do not resist an evil person.

그러나 나는 너희에게 말한다. 악한 사람에게 맞서지 말아라. 누가 네 오른쪽 뺨을 치거든, 왼쪽 뺨마저 돌려 대어라.

But I tell you, Do not resist an evil person. **If someone strikes you on the right cheek, turn to him the other also.**

But I tell you, Do not resist an evil person. If someone strikes you on the right cheek, turn to him the other also.

5:40

너를 걸어 고소하여 네 속옷을 가지려는 사람에게는,

And if someone wants to sue you and take your tunic,

너를 걸어 고소하여 네 속옷을 가지려는 사람에게는, 겉옷까지도 내주어라.

And if someone wants to sue you and take your tunic, **let him have your cloak as well.**

And if someone wants to sue you and take your tunic, let him have your cloak as well.

5:41

누가 너더러 억지로 오 리를 가자고 하거든,

If someone forces you to go one mile,

누가 너더러 억지로 오 리를 가자고 하거든, 십 리를 같이 가주어라.
If someone forces you to go one mile, **go with them two miles.**

If someone forces you to go one mile, go with them two miles.

5:42

네게 달라는 사람에게는 주고,
Give to the one who asks you,

네게 달라는 사람에게는 주고, 네게 꾸려고 하는 사람을 물리치지 말아라."
Give to the one who asks you, **and do not turn away from the one who**
wants to borrow from you.

Give to the one who asks you, and do not turn away from the one who
wants to borrow from you.

---

resist v. 저항(반대)하다 | sue v. ~를 고소하다

말씀 읊조리기 – 1단계
각 절의 시작하는 단어를 보면서 외운 말씀 전체를 소리 내어 읊조리십시오.

38 "You have heard

39 But I tell you,

40 And if someone wants

41 If someone forces

⁴² Give to the one who asks you,

말씀 읊조리기 – 2단계
우리말 본문을 눈으로 읽으면서 영어로 소리 내어 읊조리십시오.

³⁸ "'눈은 눈으로, 이는 이로 갚아라' 하고 말한 것을 너희는 들었다.
³⁹ 그러나 나는 너희에게 말한다. 악한 사람에게 맞서지 말아라. 누가 네 오른쪽 뺨을 치거든, 왼쪽 뺨마저 돌려 대어라.
⁴⁰ 너를 걸어 고소하여 네 속옷을 가지려는 사람에게는, 겉옷까지도 내주어라.
⁴¹ 누가 너더러 억지로 오 리를 가자고 하거든, 십 리를 같이 가주어라.
⁴² 네게 달라는 사람에게는 주고, 네게 꾸려고 하는 사람을 물리치지 말아라."

묵상하기 – 말씀을 받아들이는 자가 되라
외운 말씀을 되새기며 성령께서 말씀하시는 소리에 귀를 기울이십시오.

말이란 것은 상호 간의 대화이다. 말하는 사람이 있으면 듣는 사람이 있다. 대화 가운데 말이 통하지 않으면 한쪽에서 말을 거두게 된다.

주님께서 이 말씀을 제자들과 그에게 나아온 사람들에게 하셨는데, 그것은 주님이 그들을 사랑하셨고 또 그들이 주님의 말씀에 귀를 기울였기 때문이다. 이모든 말씀이 끝나자 사람들의 반응은 이러했다.

"예수께서 이 말씀을 마치시니, 무리가 그의 가르침에 놀랐다. 예수께서는 그들의 율법학자들과는 달리, 권위 있게 가르치셨기 때문이다(마 7:28-29)."

이 말씀을 받아들이는 사람들이 그분의 제자다.

순종 노트

순종해야 할 일이 생각났으면 적고 행하십시오. 믿음과 순종은 하나여야 합니다.

그래야만 너희가 아버지의 자녀가 될 것이다 (5:43-48)

말씀 읽기

전체 내용이 이해될 때까지 본문을 소리 내어 또박또박 읽으십시오.

43 "'네 이웃을 사랑하고, 네 원수를 미워하여라' 하고 말한 것을, 너희는 들었다.

44 그러나 나는 너희에게 말한다. 너희의 원수를 사랑하고, 너희를 박해하는 사람을 위하여 기도하여라.

45 그래야만 너희가 하늘에 계신 너희 아버지의 자녀가 될 것이다. 아버지께서는, 악한 사람에게나 선한 사람에게나 똑같이 해를 떠오르게 하시고, 의로운 사람에게나 불의한 사람에게나 똑같이 비를 내려 주신다.

46 너희를 사랑하는 사람만 너희가 사랑하면, 무슨 상을 받겠느냐? 세리도 그만큼은 하지 않느냐?

47 또 너희가 너희 형제자매들에게만 인사를 하면서 지내면, 남보다 나을 것이 무엇이냐? 이방 사람들도 그만큼은 하지 않느냐?

48 그러므로 하늘에 계신 너희 아버지께서 완전하신 것같이, 너희도 완전하여라."

말씀 외우기

우리말로 먼저 읽고 영문으로 크게 소리 내어 읽으며 천천히 정확하게 외우십시오.

• **5:43**

말한 것을 너희는 들었다.

"You have heard that it was said,

"'네 이웃을 사랑하고, 네 원수를 미워하여라' 하고 말한 것을 너희는 들었다.

"You have heard that it was said, **'Love your neighbor and hate your enemy.'**

"You have heard that it was said, 'Love your neighbor and hate your enemy.'

• **5:44**

그러나 나는 너희에게 말한다. 너희의 원수를 사랑하고,

But I tell you: Love your enemies

그러나 나는 너희에게 말한다. 너희의 원수를 사랑하고, 너희를 박해하는 사람을 위하여 기도하여라.

But I tell you: Love your enemies **and pray for those who persecute you,**

But I tell you: Love your enemies and pray for those who persecute you,

• **5:45**

그래야만 너희가 하늘에 계신 너희 아버지의 자녀가 될 것이다.

that you may be sons of your Father in heaven.

그래야만 너희가 하늘에 계신 너희 아버지의 자녀가 될 것이다. 아버지께서는, 악한 사람에게나 선한 사람에게나 똑같이 해를 떠오르게 하시고,

that you may be sons of your Father in heaven. **He causes his sun to rise on the evil and the good,**

그래야만 너희가 하늘에 계신 너희 아버지의 자녀가 될 것이다. 아버지께서는, 악한 사람에게나 선한 사람에게나 똑같이 해를 떠오르게 하시고, 의로운 사람에게나 불의한 사람에게나 똑같이 비를 내려 주신다.
that you may be sons of your Father in heaven. He causes his sun to rise on the evil and the good, **and sends rain on the righteous and the unrighteous.**

that you may be sons of your Father in heaven. He causes his sun to rise on the evil and the good, and sends rain on the righteous and the unrighteous.

• **5:46**

너희를 사랑하는 사람만 너희가 사랑하면,
If you love those who love you,

너희를 사랑하는 사람만 너희가 사랑하면, 무슨 상을 받겠느냐?
If you love those who love you, **what reward will you get?**

너희를 사랑하는 사람만 너희가 사랑하면, 무슨 상을 받겠느냐? 세리도 그만큼은 하지 않느냐?
If you love those who love you, what reward will you get? **Are not even the tax collectors doing that?**

If you love those who love you, what reward will you get? Are not even the tax collectors doing that?

또 너희가 너희 형제자매들에게만 인사를 하면서 지내면,
And if you greet only your brothers,

또 너희가 너희 형제자매들에게만 인사를 하면서 지내면, 남보다 나을 것이 무엇이냐?
And if you greet only your brothers, **what are you doing more than others?**

또 너희가 너희 형제자매들에게만 인사를 하면서 지내면, 남보다 나을 것이 무엇이냐? 이방 사람들도 그만큼은 하지 않느냐?
And if you greet only your brothers, what are you doing more than others? **Do not even pagans do that?**

And if you greet only your brothers, what are you doing more than others? Do not even pagans do that?

• 5:48

그러므로 너희도 완전하여라."
Be perfect, therefore,

그러므로 하늘에 계신 너희 아버지께서 완전하신 것같이, 너희도 완전하여라."
Be perfect, therefore, **as your heavenly Father is perfect.**

Be perfect, therefore, as your heavenly Father is perfect.

---

greet v. ~를 맞다, 환영하다 | pagan n. 이교도

각 절의 시작하는 단어를 보면서 외운 말씀 전체를 소리 내어 읊조리십시오.

43   "You have heard

44   But I tell you: Love your enemies

45   that you may be sons of your Father

46   If you love those who love you,

47   And if you greet only your brothers,

48   Be perfect,

말씀 읊조리기 – 2단계
우리말 본문을 눈으로 읽으면서 영어로 소리 내어 읊조리십시오.

43 "'네 이웃을 사랑하고, 네 원수를 미워하여라' 하고 말한 것을 너희는 들었다.

44 그러나 나는 너희에게 말한다. 너희 원수를 사랑하고, 너희를 박해하는 사람을 위하여 기도하여라.

45 그래야만 너희가 하늘에 계신 너희 아버지의 자녀가 될 것이다. 아버지께서는, 악한 사람에게나 선한 사람에게나 똑같이 해를 떠오르게 하시고, 의로운 사람에게나 불의한 사람에게나 똑같이 비를 내려 주신다.

46 너희를 사랑하는 사람만 너희가 사랑하면, 무슨 상을 받겠느냐? 세리도 그만큼은 하지 않느냐?

47 또 너희가 너희 형제자매들에게만 인사를 하면서 지내면, 남보다 나을 것이 무엇이냐? 이방 사람들도 그만큼은 하지 않느냐?

48 그러므로 하늘에 계신 너희 아버지께서 완전하신 것같이, 너희도 완전하여라."

묵상하기 – 주님을 따르는 삶
외운 말씀을 되새기며 성령께서 말씀하시는 소리에 귀를 기울이십시오.

우리를 미워하고 힘들게 하는 사람들조차 사랑할 수 있겠느냐고 주님은 물으신
다. 우리를 사랑하는 이들을 사랑하는 정도는 세리들도 하는 일이라는 것이다.
우리가 하늘 아버지의 자녀가 된다는 것은 원수를 사랑하고 아무런 잘못한 일
이 없는데도 우리에게 고통을 주는 사람들을 용서하고 도리어 그들의 구원을
위해 기도하는 것이다.
알고 보면 주님도 그러셨고 주님을 따랐던 제자들도 그렇게 살았다. 스데반 집
사의 삶과 죽음도 그러했다.
주님은 이어 말씀하신다. 하늘 아버지께서 완전하신 것처럼 우리도 완전하라
고, 그분 안에서 우린 그렇게 살 수 있다고.

 순종 노트
순종해야 할 일이 생각났으면 적고 행하십시오. 믿음과 순종은 하나여야 합니다.

PART 2

마태복음
6장 ~ 7장

네 자선을 숨겨두어라
(6:1-4)

말씀 읽기

전체 내용이 이해될 때까지 본문을 소리 내어 또박또박 읽으십시오.

1 "너희는 남에게 보이려고 의로운 일을 사람들 앞에서 하지 않도록 조심하여라. 그렇지 않으면, 너희는 하늘에 계신 너희 아버지에게서 상을 받지 못한다.
2 그러므로 네가 자선을 베풀 때에는, 위선자들이 사람들에게 칭찬을 받으려고 회당과 거리에서 하듯이, 네 앞에 나팔을 불지 말아라. 내가 진정으로 너희에게 말한다. 그들은 자기네 상을 이미 다 받았다.
3 너는 자선을 베풀 때에는, 오른손이 하는 일을 왼손이 모르게 하여,
4 네 자선 행위를 숨겨두어라. 그리하면, 남모르게 숨어서 보시는 네 아버지께서 너에게 갚아주실 것이다."

말씀 외우기

우리말로 먼저 읽고 영문으로 크게 소리 내어 읽으며 천천히 정확하게 외우십시오.

6:1

"너희는 의로운 일을 사람들 앞에서 하지 않도록 조심하여라.

"Be careful not to do your 'acts of righteousness' before men,

"너희는 남에게 보이려고 의로운 일을 사람들 앞에서 하지 않도록 조심하여라.

"Be careful not to do your 'acts of righteousness' before men, **to be seen by them.**

"너희는 남에게 보이려고 의로운 일을 사람들 앞에서 하지 않도록 조심하여라. 그렇지 않으면, 너희는 상을 받지 못한다.
"Be careful not to do your 'acts of righteousness' before men, to be seen by them. **If you do, you will have no reward**

"너희는 남에게 보이려고 의로운 일을 사람들 앞에서 하지 않도록 조심하여라. 그렇지 않으면, 너희는 하늘에 계신 너희 아버지에게서 상을 받지 못한다.
"Be careful not to do your 'acts of righteousness' before men, to be seen by them. If you do, you will have no reward **from your Father in heaven.**

"Be careful not to do your 'acts of righteousness' before men, to be seen by them. If you do, you will have no reward from your Father in heaven.

• **6:2**

그러므로 네가 자선을 베풀 때에는,
"So when you give to the needy,

그러므로 네가 자선을 베풀 때에는, 네 앞에서 나팔을 불지 말아라.
"So when you give to the needy, **do not announce it with trumpets,**

그러므로 네가 자선을 베풀 때에는, 위선자들이 회당과 거리에서 하듯이, 네 앞에서 나팔을 불지 말아라.
"So when you give to the needy, do not announce it with trumpets, **as the hypocrites do in the synagogues and on the streets,**

그러므로 네가 자선을 베풀 때에는, 위선자들이 사람들에게 칭찬을 받으려고 회당과 거리에서 하듯이, 네 앞에서 나팔을 불지 말아라.

"So when you give to the needy, do not announce it with trumpets, as the hypocrites do in the synagogues and on the streets, **to be honored by men.**

그러므로 네가 자선을 베풀 때에는, 위선자들이 사람들에게 칭찬을 받으려고 회당과 거리에서 하듯이, 네 앞에서 나팔을 불지 말아라. 내가 진정으로 너희에게 말한다. 그들은 자기네 상을 이미 다 받았다.

"So when you give to the needy, do not announce it with trumpets, as the hypocrites do in the synagogues and on the streets, to be honored by men. **I tell you the truth, they have received their reward in full.**

"So when you give to the needy, do not announce it with trumpets, as the hypocrites do in the synagogues and on the streets, to be honored by men. I tell you the truth, they have received their reward in full.

6:3

너는 자선을 베풀 때에는,

But when you give to the needy,

너는 자선을 베풀 때에는, 네 오른손이 하는 일을 왼손이 모르게 하여,

But when you give to the needy, **do not let your left hand know what your right hand is doing,**

But when you give to the needy, do not let your left hand know what your right hand is doing,

네 자선 행위를 숨겨두어라.

so that your giving may be in secret.

네 자선 행위를 숨겨두어라. 그리하면, 남모르게 숨어서 보시는 네 아버지께서 너에게 갚아주실 것이다."

so that your giving may be in secret. **Then your Father, who sees what is done in secret, will reward you.**

so that your giving may be in secret. Then your Father, who sees what is done in secret, will reward you.

hypocrite n. 위선자

말씀 읊조리기 – 1단계
각 절의 시작하는 단어를 보면서 외운 말씀 전체를 소리 내어 읊조리십시오.

1 "Be careful not to do
2 "So when you give to the needy,
3 But when you give to the needy,
4 so that your giving may be in secret.

말씀 읊조리기 – 2단계
우리말 본문을 눈으로 읽으면서 영어로 소리 내어 읊조리십시오.

1 "너희는 남에게 보이려고 의로운 일을 사람들 앞에서 하지 않도록 조심하여라. 그렇지 않으면, 너희는 하늘에 계신 너희 아버지에게서 상을 받지 못한다.

2 그러므로 네가 자선을 베풀 때에는, 위선자들이 사람들에게 칭찬을 받으려고 회당과 거리에서 그렇게 하듯이, 네 앞에 나팔을 불지 말아라. 내가 진정으로 너희에게 말한다. 그들은 자기네 상을 이미 다 받았다.

3 너는 자선을 베풀 때에는, 오른손이 하는 일을 왼손이 모르게 하여,

4 네 자선 행위를 숨겨두어라. 그리하면, 남모르게 숨어서 보시는 네 아버지께서 너에게 갚아주실 것이다."

묵상하기 – 하늘나라에 쌓아둔 상급
외운 말씀을 되새기며 성령께서 말씀하시는 소리에 귀를 기울이십시오.

의로운 일에는 분명 상급이 따른다. 좋은 일을 했음에도 상을 받지 못하는 것은 그것을 세상에 드러냈기 때문이다.

유대인들은 자선에도 세 가지 수준이 있다고 말한다. 첫째는 베푸는 사람과 받는 사람이 상호 모르게 하는 것이며 둘째는 주는 사람만 아는 것, 마지막은 주는 사람 받는 사람이 서로 아는 것이다. 주님은 말씀하신다. 오른손이 하는 일을 왼손이 모르게 하라. 그것은 자선을 베풀고도 잊어버리는 것이다. 내게 주신 모든 것이 다 주님의 것이니 나누고도 잊어버리는 것, 그것이야말로 하늘나라에 쌓아두는 상급이다.

 ## 순종 노트
순종해야 할 일이 생각났으면 적고 행하십시오. 믿음과 순종은 하나여야 합니다.

은밀하게 계시는 네 아버지께 기도하여라
(6:5-15)

말씀 읽기

전체 내용이 이해될 때까지 본문을 소리 내어 또박또박 읽으십시오.

5 "너희는 기도할 때에, 위선자들처럼 하지 말아라. 그들은 사람들에게 보이려고, 회당과 큰길 모퉁이에 서서 기도하기를 좋아한다. 내가 진정으로 너희에게 말한다. 그들은 자기네 상을 이미 다 받았다.

6 너는 기도할 때에, 골방에 들어가 문을 닫고서, 숨어서 계시는 네 아버지께 기도하여라. 그리하면 숨어서 보시는 너의 아버지께서 너에게 갚아주실 것이다.

7 너희는 기도할 때에, 이방 사람들처럼 빈말을 되풀이하지 말아라. 그들은 말을 많이 하여야만 들어주시는 줄로 생각한다.

8 그러므로 그들을 본받지 말아라. 하나님 너희 아버지께서는, 너희가 구하기 전에, 너희에게 필요한 것이 무엇인지를 알고 계신다.

9 그러므로 너희는 이렇게 기도하여라. 하늘에 계신 우리 아버지, 이름을 거룩하게 하여주시며,

10 그 나라를 오게 하여주시며, 그 뜻을 하늘에서 이루심 같이, 땅에서도 이루어 주십시오.

11 오늘 우리에게 필요한 양식을 내려 주시고,

12 우리가 우리에게 죄지은 사람을 용서하여준 것같이 우리 죄를 용서하여주시고,

13 우리를 시험에 들지 않게 하시고, 악에서 구하여주십시오. [나라와 권세와 영광은 영원히 아버지의 것입니다. 아멘.]'

마태복음
6장~7장

14 너희가 남의 잘못을 용서해주면, 너희 하늘 아버지께서도 너희를 용서해주실 것이다.

15 그러나 너희가 남을 용서해주지 않으면, 너희 아버지께서도 너희의 잘못을 용서해주지 않으실 것이다."

말씀 외우기

우리말로 먼저 읽고 영문으로 크게 소리 내어 읽으며 천천히 정확하게 외우십시오.

• 6:5

"너희는 기도할 때에, 위선자들처럼 하지 말아라.

"And when you pray, do not be like the hypocrites,

"너희는 기도할 때에, 위선자들처럼 하지 말아라. 그들은 회당과 큰길 모퉁이에 서서 기도하기를 좋아한다.

"And when you pray, do not be like the hypocrites, **for they love to pray standing in the synagogues and on the street corners**

"너희는 기도할 때에, 위선자들처럼 하지 말아라. 그들은 사람들에게 보이려고, 회당과 큰길 모퉁이에 서서 기도하기를 좋아한다.

"And when you pray, do not be like the hypocrites, for they love to pray standing in the synagogues and on the street corners **to be seen by men.**

"너희는 기도할 때에, 위선자들처럼 하지 말아라. 그들은 사람들에게 보이려고, 회당과 큰길 모퉁이에 서서 기도하기를 좋아한다. 내가 진정으로 너희에게 말한다. 그들은 자기네 상을 이미 다 받았다.

"And when you pray, do not be like the hypocrites, for they love to pray standing in the synagogues and on the street corners to be seen by men. **I tell you the truth, they have received their reward in full.**

"And when you pray, do not be like the hypocrites, for they love to pray standing in the synagogues and on the street corners to be seen by men. I tell you the truth, they have received their reward in full.

6:6

너는 기도할 때에, 골방에 들어가 문을 닫고서,
But when you pray, go into your room, close the door

너는 기도할 때에, 골방에 들어가 문을 닫고서, 숨어서 계시는 네 아버지께 기도하여라.
But when you pray, go into your room, close the door **and pray to your Father, who is unseen.**

너는 기도할 때에, 골방에 들어가 문을 닫고서, 숨어서 계시는 네 아버지께 기도하여라. 그리하면 숨어서 보시는 너의 아버지께서 너에게 갚아주실 것이다.
But when you pray, go into your room, close the door and pray to your Father, who is unseen. **Then your Father, who sees what is done in secret, will reward you.**

But when you pray, go into your room, close the door and pray to your Father, who is unseen. Then your Father, who sees what is done in secret, will reward you.

6:7

너희는 기도할 때에, 이방 사람들처럼 빈말을 되풀이하지 말아라.
And when you pray, do not keep on babbling like pagans,

너희는 기도할 때에, 이방 사람들처럼 빈말을 되풀이하지 말아라. 그들은 말을 많이 하여야만 들어주시는 줄로 생각한다.

And when you pray, do not keep on babbling like pagans, **for they think they will be heard because of their many words.**

And when you pray, do not keep on babbling like pagans, for they think they will be heard because of their many words.

• 6:8

그러므로 그들을 본받지 말아라.

Do not be like them,

그러므로 그들을 본받지 말아라. 하나님 너희 아버지께서는, 너희에게 필요한 것이 무엇인지를 알고 계신다.

Do not be like them, **for your Father knows what you need**

그러므로 그들을 본받지 말아라. 하나님 너희 아버지께서는, 너희가 구하기 전에, 너희에게 필요한 것이 무엇인지를 알고 계신다.

Do not be like them, for your Father knows what you need **before you ask him.**

Do not be like them, for your Father knows what you need before you ask him.

• 6:9

그러므로 너희는 이렇게 기도하여라.

"This, then, is how you should pray:

그러므로 너희는 이렇게 기도하여라. 하늘에 계신 우리 아버지, 이름을 거룩하

게 하여주시며,

"This, then, is how you should pray: "'Our Father in heaven, hallowed be your name,

"This, then, is how you should pray: "'Our Father in heaven, hallowed be your name,

• 6:10

그 나라를 오게 하여주시며,

your kingdom come,

그 나라를 오게 하여주시며, 그 뜻을 하늘에서 이루심 같이, 땅에서도 이루어주십시오.

your kingdom come, **your will be done on earth as it is in heaven.**

your kingdom come, your will be done on earth as it is in heaven.

• 6:11

오늘 우리에게 필요한 양식을 내려 주시고,

Give us today our daily bread.

Give us today our daily bread.

• 6:12

우리 죄를 용서하여주시고,

Forgive us our debts,

우리가 우리에게 죄지은 사람을 용서하여준 것같이 우리 죄를 용서하여주시고,
Forgive us our debts, **as we also have forgiven our debtors.**

Forgive us our debts, as we also have forgiven our debtors.

6:13

우리를 시험에 들지 않게 하시고,
And lead us not into temptation,

우리를 시험에 들지 않게 하시고, 악에서 구하여주십시오. [나라와 권세와 영광
은 영원히 아버지의 것입니다. 아멘.]'
And lead us not into temptation, **but deliver us from the evil one.'**

And lead us not into temptation, but deliver us from the evil one.'

6:14

너희가 남의 잘못을 용서해주면,
For if you forgive men when they sin against you,

너희가 남의 잘못을 용서해주면, 너희의 하늘 아버지께서도 너희를 용서해주실
것이다.
For if you forgive men when they sin against you, **your heavenly Father
will also forgive you.**

**For if you forgive men when they sin against you, your heavenly Father
will also forgive you.**

그러나 너희가 남을 용서해주지 않으면,

But if you do not forgive men their sins,

그러나 너희가 남을 용서해주지 않으면, 너희 아버지께서도 너희의 잘못을 용서해주지 않으실 것이다."

But if you do not forgive men their sins, **your Father will not forgive your sins.**

But if you do not forgive men their sins, your Father will not forgive your sins.

---

babbling adj. 재잘거리는 | hallowed adj. 소중한, 신성시되는

말씀 읊조리기 – 1단계
각 절의 시작하는 단어를 보면서 외운 말씀 전체를 소리 내어 읊조리십시오.

5   "And when you pray,
6   But when you pray, go into your room,
7   And when you pray, do not keep on
8   Do not be like them,
9   "This, then, is how you should pray:
10 your kingdom come,
11 Give us today
12 Forgive us our debts,
13 And lead us not into temptation,
14 For if you forgive men
15 But if you do not forgive men their sins,

5 "너희는 기도할 때에, 위선자들처럼 하지 말아라. 그들은 사람들에게 보이려고, 회당과 큰길 모퉁이에 서서 기도하기를 좋아한다. 내가 진정으로 너희에게 말한다. 그들은 자기네 상을 이미 다 받았다.

6 너는 기도할 때에, 골방에 들어가 문을 닫고서, 숨어서 계시는 네 아버지께 기도하여라. 그리하면 숨어서 보시는 너의 아버지께서 너에게 갚아주실 것이다.

7 너희는 기도할 때에, 이방 사람들처럼 빈말을 되풀이하지 말아라. 그들은 말을 많이 하여야만 들어주시는 줄로 생각한다.

8 그러므로 그들을 본받지 말아라. 하나님 너희 아버지께서는, 너희가 구하기 전에, 너희에게 필요한 것이 무엇인지를 알고 계신다.

9 그러므로 너희는 이렇게 기도하여라. 하늘에 계신 우리 아버지, 그 이름을 거룩하게 하여주시며,

10 그 나라를 오게 하여주시며, 그 뜻을 하늘에서 이루심 같이, 땅에서도 이루어주십시오.

11 오늘 우리에게 필요한 양식을 내려 주시고,

12 우리가 우리에게 죄 지은 사람을 용서하여준 것같이 우리의 죄를 용서하여주시고,

13 우리를 시험에 들지 않게 하시고, 악에서 구하여주십시오. [나라와 권세와 영광은 영원히 아버지의 것입니다. 아멘.]

14 너희가 남의 잘못을 용서해주면, 너희 하늘 아버지께서도 너희를 용서해주실 것이다.

15 그러나 너희가 남을 용서해주지 않으면, 너희 아버지께서도 너희의 잘못을 용서해주지 않으실 것이다."

묵상하기 – 기도란 사랑의 호흡이다
외운 말씀을 되새기며 성령께서 말씀하시는 소리에 귀를 기울이십시오.

기도는 열심보다는 관계에 있다. 얼마나 열심히 기도하느냐가 아니라 내 기도를 들으시는 주님과 내가 어떤 관계에 있느냐가 기도의 핵심이다.

위선자들은 기도하는 그 자체에 비중을 둔다. 기도 시간을 억지로 채우고 마치 그것이 영적인 성숙의 척도라고 여긴다. 그래서 할 말이 없어도 같은 말을 반복해서라도 시간을 채우려 한다.

중언부언하다의 원어 '밧톨로게오(battologeo)'는 '쓸데없는 말을 반복한다'라는 뜻이다. 기도는 시간을 때우거나 숙제하듯 해치워버려야 할 일이 아니다. 기도란 사랑의 호흡이자 관계의 성숙이다.

또한 주님은 기도를 가르치시며 우리가 서로를 용서해야 할 것을 말씀하신다. 용서야말로 죄인 된 우리가 그분을 만나 뵙기 위해서 해야 할 일이다. 그분이 우릴 용서해주시지 않으면 우린 그분께 나아갈 수 없다. 기도를 할 수 없다.

순종 노트
순종해야 할 일이 생각났으면 적고 행하십시오. 믿음과 순종은 하나여야 합니다.

숨은 일도 보시는 네 아버지께서 갚아주실 것이다 (6:16-18)

말씀 읽기
전체 내용이 이해될 때까지 본문을 소리 내어 또박또박 읽으십시오.

16 "너희는 금식할 때에, 위선자들과 같이 슬픈 기색을 띠지 말아라. 그들은 금식하는 것을 남에게 보이려고, 얼굴을 흉하게 한다. 내가 진정으로 너희에게 말한다. 그들은 자기네 상을 이미 받았다.

17 너는 금식할 때에, 머리에 기름을 바르고, 낯을 씻어라.

18 그래서 금식하는 것을 사람들에게 드러내지 말고, 보이지 않게 숨어서 계시는 네 아버지께서 보시게 하여라. 그리하면 남모르게 숨어서 보시는 네 아버지께서 너에게 갚아주실 것이다."

말씀 외우기
우리말로 먼저 읽고 영문으로 크게 소리 내어 읽으며 천천히 정확하게 외우십시오.

• 6:16

"너희는 금식할 때에, 슬픈 기색을 띠지 말아라.
"When you fast, do not look somber

"너희는 금식할 때에, 위선자들과 같이 슬픈 기색을 띠지 말아라.
"When you fast, do not look somber **as the hypocrites do,**

"너희는 금식할 때에, 위선자들과 같이 슬픈 기색을 띠지 말아라. 그들은 금식하는 것을 남에게 보이려고, 얼굴을 흉하게 한다.

"When you fast, do not look somber as the hypocrites do, **for they disfigure their faces to show men they are fasting.**

"너희는 금식할 때에, 위선자들과 같이 슬픈 기색을 띠지 말아라. 그들은 금식하는 것을 남에게 보이려고, 얼굴을 흉하게 한다. 내가 진정으로 너희에게 말한다. 그들은 자기네 상을 이미 받았다.

"When you fast, do not look somber as the hypocrites do, for they disfigure their faces to show men they are fasting. **I tell you the truth, they have received their reward in full.**

"When you fast, do not look somber as the hypocrites do, for they disfigure their faces to show men they are fasting. I tell you the truth, they have received their reward in full.

• 6:17

너는 금식할 때에, 머리에 기름을 바르고,

But when you fast, put oil on your head

너는 금식할 때에, 머리에 기름을 바르고, 낯을 씻어라.

But when you fast, put oil on your head **and wash your face,**

But when you fast, put oil on your head and wash your face,

• 6:18

그래서 금식하는 것을 사람들에게 드러내지 말고,

so that it will not be obvious to men that you are fasting,

그래서 금식하는 것을 사람들에게 드러내지 말고, 보이지 않게 숨어서 계시는 네 아버지께서 보시게 하여라.

so that it will not be obvious to men that you are fasting, **but only to your Father, who is unseen;**

그래서 금식하는 것을 사람들에게 드러내지 말고, 보이지 않게 숨어서 계시는 네 아버지께서 보시게 하여라. 그리하면 남모르게 숨어서 보시는 네 아버지께서 너에게 갚아주실 것이다."

so that it will not be obvious to men that you are fasting, but only to your Father, who is unseen; **and your Father, who sees what is done in secret, will reward you.**

so that it will not be obvious to men that you are fasting, but only to your Father, who is unseen; and your Father, who sees what is done in secret, will reward you.

---

somber adj. 어두침침한, 침울한 | disfigure v. 흉하게 만들다

말씀 읊조리기 – 1단계
각 절의 시작하는 단어를 보면서 외운 말씀 전체를 소리 내어 읊조리십시오.

16 "When you fast,
17 But when you fast,
18 so that it will not be

말씀 읊조리기 – 2단계
우리말 본문을 눈으로 읽으면서 영어로 소리 내어 읊조리십시오.

16 "너희는 금식할 때에, 위선자들과 같이 슬픈 기색을 띠지 말아라. 그들은 금식하는 것을 남에게 보이려고, 얼굴을 흉하게 한다. 내가 진정으로 너희에게 말한다. 그들은 자기네 상을 이미 받았다.

17 너는 금식할 때에, 머리에 기름을 바르고, 낯을 씻어라.

18 그리하여 금식하는 것을 사람들에게 드러내지 말고, 보이지 않게 숨어서 계시는 네 아버지께서 보시게 하여라. 그리하면 남모르게 숨어서 보시는 네 아버지께서 너에게 갚아주실 것이다."

묵상하기 – 상급을 쌓는 삶
외운 말씀을 되새기며 성령께서 말씀하시는 소리에 귀를 기울이십시오.

기도처럼 금식에도 상급이 있다고 주님은 말씀하신다. 이 땅에서 우리의 행위가 다 기록되며 그에따라 상급이 쌓인다. 하기야 이 땅에서 하나님의 말씀을 따라 사는 삶에는 다 상급이 있다. 기도나 금식 자체에 상급이 있는 것이 아니다. 주님은 그분이 기뻐하시는 일에 따라 다 갚아주시겠다고 하셨다. 오로지 그의 나라와 뜻을 위한 일에 말이다. 그러므로 사람에게 나타내 보이려고 하는 일은 하나님께는 가증할 뿐이다.

 ## 순종 노트
순종해야 할 일이 생각났으면 적고 행하십시오. 믿음과 순종은 하나여야 합니다.

너희는 하나님과 재물을 함께 섬길 수 없다 (6:19-24)

말씀 읽기

전체 내용이 이해될 때까지 본문을 소리 내어 또박또박 읽으십시오.

19 "너희는 자기를 위하여 보물을 땅에다가 쌓아두지 말아라. 땅에서는 좀이 먹고 녹이 슬어서 망가지며, 도둑들이 뚫고 들어와서 훔쳐 간다.

20 그러므로 너희를 위하여 보물을 하늘에 쌓아두어라. 거기에는 좀이 먹고 녹이 슬어서 망가지는 일이 없고, 도둑들이 뚫고 들어와서 훔쳐 가지도 못한다.

21 너의 보물이 있는 곳에, 너의 마음도 있을 것이다."

22 "눈은 몸의 등불이다. 그러므로 네 눈이 성하면 네 온몸이 밝을 것이요,

23 네 눈이 성하지 못하면 네 온몸이 어두울 것이다. 그러므로 네 속에 있는 빛이 어두우면, 그 어둠이 얼마나 심하겠느냐?"

24 "아무도 두 주인을 섬기지 못한다. 한쪽을 미워하고 다른 쪽을 사랑하거나, 한쪽을 중히 여기고 다른 쪽을 업신여길 것이다. 너희는 하나님과 재물을 아울러 섬길 수 없다."

말씀 외우기

우리말로 먼저 읽고 영문으로 크게 소리 내어 읽으며 천천히 정확하게 외우십시오.

6:19

"너희는 자기를 위하여 보물을 땅에다가 쌓아두지 말아라.

"Do not store up for yourselves treasures on earth,

너희는 자기를 위하여 보물을 땅에다가 쌓아두지 말아라. 땅에서는 좀이 먹고 녹이 슬어서 망가지며,
"Do not store up for yourselves treasures on earth, **where moth and rust destroy,**

너희는 자기를 위하여 보물을 땅에다가 쌓아두지 말아라. 땅에서는 좀이 먹고 녹이 슬어서 망가지며, 도둑들이 뚫고 들어와서 훔쳐 간다.
"Do not store up for yourselves treasures on earth, where moth and rust destroy, **and where thieves break in and steal.**

"Do not store up for yourselves treasures on earth, where moth and rust destroy, and where thieves break in and steal.

6:20

그러므로 너희를 위하여 보물을 하늘에 쌓아두어라.
But store up for yourselves treasures in heaven,

그러므로 너희를 위하여 보물을 하늘에 쌓아두어라. 거기에는 좀이 먹고 녹이 슬어서 망가지는 일이 없고,
But store up for yourselves treasures in heaven, **where moth and rust do not destroy,**

그러므로 너희를 위하여 보물을 하늘에 쌓아두어라. 거기에는 좀이 먹고 녹이 슬어서 망가지는 일이 없고, 도둑들이 뚫고 들어와서 훔쳐 가지도 못한다.
But store up for yourselves treasures in heaven, where moth and rust do not destroy, **and where thieves do not break in and steal.**

But store up for yourselves treasures in heaven, where moth and rust do not destroy, and where thieves do not break in and steal.

6:21

너의 보물이 있는 곳에,

For where your treasure is,

너의 보물이 있는 곳에, 너의 마음도 있을 것이다."

For where your treasure is, **there your heart will be also.**

For where your treasure is, there your heart will be also.

6:22

"눈은 몸의 등불이다.

"The eye is the lamp of the body.

"눈은 몸의 등불이다. 그러므로 네 눈이 성하면 네 온몸이 밝을 것이요,

"The eye is the lamp of the body. **If your eyes are good, your whole body will be full of light.**

"The eye is the lamp of the body. If your eyes are good, your whole body will be full of light.

6:23

네 눈이 성하지 못하면

But if your eyes are bad,

네 눈이 성하지 못하면 네 온몸이 어두울 것이다.

But if your eyes are bad, **your whole body will be full of darkness.**

네 눈이 성하지 못하면 네 온몸이 어두울 것이다. 그러므로 네 속에 있는 빛이 어두우면,

But if your eyes are bad, your whole body will be full of darkness. **If then the light within you is darkness,**

네 눈이 성하지 못하면 네 온몸이 어두울 것이다. 그러므로 네 속에 있는 빛이 어두우면, 그 어둠이 얼마나 심하겠느냐?

But if your eyes are bad, your whole body will be full of darkness. If then the light within you is darkness, **how great is that darkness!**

But if your eyes are bad, your whole body will be full of darkness. If then the light within you is darkness, how great is that darkness!

6:24

"아무도 두 주인을 섬기지 못한다.

"No one can serve two masters.

"아무도 두 주인을 섬기지 못한다. 한쪽을 미워하고 다른 쪽을 사랑하거나,

"No one can serve two masters. **Either he will hate the one and love the other,**

"아무도 두 주인을 섬기지 못한다. 한쪽을 미워하고 다른 쪽을 사랑하거나, 한쪽을 중히 여기고 다른 쪽을 업신여길 것이다.

"No one can serve two masters. Either he will hate the one and love the other, **or he will be devoted to the one and despise the other.**

"아무도 두 주인을 섬기지 못한다. 한쪽을 미워하고 다른 쪽을 사랑하거나, 한쪽을 중히 여기고 다른 쪽을 업신여길 것이다. 너희는 하나님과 재물을 아울러 섬길 수 없다."

"No one can serve two masters. Either he will hate the one and love the other, or he will be devoted to the one and despise the other. **You cannot serve both God and Money.**

"No one can serve two masters. Either he will hate the one and love the other, or he will be devoted to the one and despise the other. You cannot serve both God and Money."

---

moth n. 나방 | rust n. 녹 | despise v. 경멸하다

말씀 읊조리기 – 1단계
각 절의 시작하는 단어를 보면서 외운 말씀 전체를 소리 내어 읊조리십시오.

19 "Do not store up
20 But store up for
21 For where your treasure is,
22 "The eye is the lamp of the body.
23 But if your eyes are bad,
24 "No one can serve two masters.

말씀 읊조리기 – 2단계
우리말 본문을 눈으로 읽으면서 영어로 소리 내어 읊조리십시오.

19 "너희는 자기를 위하여 보물을 땅에다가 쌓아두지 말아라. 땅에서는 좀이 먹

고 녹이 슬어서 망가지며, 도둑들이 뚫고 들어와서 훔쳐 간다.

20 그러므로 너희를 위하여 보물을 하늘에 쌓아두어라. 거기에는 좀이 먹고 녹이 슬어서 망가지는 일이 없고, 도둑들이 뚫고 들어와서 훔쳐 가지도 못한다.

21 너의 보물이 있는 곳에, 너의 마음도 있을 것이다."

22 "눈은 몸의 등불이다. 그러므로 네 눈이 성하면 네 온몸이 밝을 것이요,

23 네 눈이 성하지 못하면 네 온몸이 어두울 것이다. 그러므로 네 속에 있는 빛이 어두우면, 그 어둠이 얼마나 심하겠느냐?"

24 "아무도 두 주인을 섬기지 못한다. 한쪽을 미워하고 다른 쪽을 사랑하거나, 한쪽을 중히 여기고 다른 쪽을 업신여길 것이다. 너희는 하나님과 재물을 아울러 섬길 수 없다."

묵상하기 – 두 주인을 섬길 수 없다
외운 말씀을 되새기며 성령께서 말씀하시는 소리에 귀를 기울이십시오.

사람들은 오로지 한 신을 섬긴다. 하나님을 섬기는 것이 아니라면 세상의 신을 섬긴다. 동시에 두 주인을 섬길 수 없다. 하나님을 섬기면 세상의 적이 되고 세상을 섬기면 하나님을 배반하게 된다.

하나님을 섬기는 일은 돈과 깊이 연관되어 있다. 그러므로 돈이 참된 예배자를 가리는 척도가 된다. 돈을 위해 하나님을 섬기는 사람은 삯꾼이며, 돈에 매여 하나님을 섬기는 일을 소홀히 하는 사람은 신앙인이 아니다. 돈으로 하나님을 섬기려 하는 사람은 하나님을 모르는 사람이고, 돈에 인색한 사람은 하나님의 사람이 아니다. "지갑까지 회개한 사람이 참된 회개자"라고 어느 종교 개혁가가 말했다.

주님을 만난 삭개오는 불의하게 모은 돈을 다 내어놓았고, 어느 죄 많았던 여인은 주님의 발에 아끼던 향유를 깨뜨려 부었다.

눈이 멀면 온몸이 어두워진다. 재물에 눈이 멀면 어둠의 세계에서 헤어나지 못한다.

순종 노트

순종해야 할 일이 생각났으면 적고 행하십시오. 믿음과 순종은 하나여야 합니다.

그러므로 내일 일을 걱정하지 말아라
(6:25-34)

말씀 읽기
전체 내용이 이해될 때까지 본문을 소리 내어 또박또박 읽으십시오.

25 "그러므로 내가 너희에게 말한다. 목숨을 부지하려고 무엇을 먹을까 또는 무엇을 마실까 걱정하지 말고, 몸을 감싸려고 무엇을 입을까 걱정하지 말아라. 목숨이 음식보다 소중하지 아니하냐? 몸이 옷보다 소중하지 아니하냐?

26 공중의 새를 보아라. 씨를 뿌리지도 않고, 거두지도 않고, 곳간에 모아들이지도 않으나, 너희의 하늘 아버지께서 그것들을 먹이신다. 너희는 새보다 귀하지 아니하냐?

27 너희 가운데서 누가, 걱정을 해서, 자기 수명을 한순간인들 늘일 수 있느냐?

28 어찌하여 너희는 옷 걱정을 하느냐? 들의 백합화가 어떻게 자라는가 살펴보아라. 수고도 하지 않고, 길쌈도 하지 않는다.

29 그러나 내가 너희에게 말한다. 온갖 영화로 차려입은 솔로몬도 이 꽃 하나와 같이 잘 입지는 못하였다.

30 오늘 있다가 내일 아궁이에 들어갈 들풀도 하나님께서 이와 같이 입히시거든, 하물며 너희들을 입히시지 않겠느냐? 믿음이 적은 사람들아!

31 그러므로 무엇을 먹을까, 무엇을 마실까, 무엇을 입을까, 하고 걱정하지 말아라.

32 이 모든 것은 모두 이방 사람들이 구하는 것이요, 너희의 하늘 아버지께서는, 이 모든 것이 너희에게 필요하다는 것을 아신다.

33 너희는 먼저 하나님의 나라와 하나님의 의를 구하여라. 그리하면 이 모든 것을 너희에게 더하여 주실 것이다.

마태복음
6장~7장

34 그러므로 내일 일을 걱정하지 말아라. 내일 걱정은 내일이 맡아서 할 것이다. 한날의 괴로움은 그날에 겪는 것으로 족하다."

말씀 외우기

우리말로 먼저 읽고 영문으로 크게 소리 내어 읽으며 천천히 정확하게 외우십시오.

• 6:25

"그러므로 내가 너희에게 말한다. 목숨을 부지하려고 걱정하지 말고,
"Therefore I tell you, do not worry about your life,

"그러므로 내가 너희에게 말한다. 목숨을 부지하려고 무엇을 먹을까 또는 무엇을 마실까 걱정하지 말고,
"Therefore I tell you, do not worry about your life, **what you will eat or drink;**

"그러므로 내가 너희에게 말한다. 목숨을 부지하려고 무엇을 먹을까 또는 무엇을 마실까 걱정하지 말고, 몸을 감싸려고 무엇을 입을까 걱정하지 말아라.
"Therefore I tell you, do not worry about your life, what you will eat or drink; **or about your body, what you will wear.**

"그러므로 내가 너희에게 말한다. 목숨을 부지하려고 무엇을 먹을까 또는 무엇을 마실까 걱정하지 말고, 몸을 감싸려고 무엇을 입을까 걱정하지 말아라. 목숨이 음식보다 소중하지 아니하냐? 몸이 옷보다 소중하지 아니하냐?
"Therefore I tell you, do not worry about your life, what you will eat or drink; or about your body, what you will wear. **Is not life more important than food, and the body more important than clothes?**

"Therefore I tell you, do not worry about your life, what you will eat or drink; or about your body, what you will wear. Is not life more important than food, and the body more important than clothes?

• **6:26**

공중의 새를 보아라.

Look at the birds of the air;

공중의 새를 보아라. 씨를 뿌리지도 않고, 거두지도 않고, 곳간에 모아들이지도 않으나,

Look at the birds of the air; **they do not sow or reap or store away in barns,**

공중의 새를 보아라. 씨를 뿌리지도 않고, 거두지도 않고, 곳간에 모아들이지도 않으나, 너희의 하늘 아버지께서 그것들을 먹이신다.

Look at the birds of the air; they do not sow or reap or store away in barns, **and yet your heavenly Father feeds them.**

공중의 새를 보아라. 씨를 뿌리지도 않고, 거두지도 않고, 곳간에 모아들이지도 않으나, 너희의 하늘 아버지께서 그것들을 먹이신다. 너희는 새보다 귀하지 아니하냐?

Look at the birds of the air; they do not sow or reap or store away in barns, and yet your heavenly Father feeds them. **Are you not much more valuable than they?**

Look at the birds of the air; they do not sow or reap or store away in barns, and yet your heavenly Father feeds them. Are you not much more valuable than they?

너희 가운데서 누가, 걱정을 해서,

Who of you by worrying

너희 가운데서 누가, 걱정을 해서, 자기 수명을 한순간인들 늘일 수 있느냐?

Who of you by worrying **can add a single hour to his life?**

Who of you by worrying can add a single hour to his life?

어찌하여 너희는 옷 걱정을 하느냐?

And why do you worry about clothes?

어찌하여 너희는 옷 걱정을 하느냐? 들의 백합화가 어떻게 자라는가 살펴보아라.

And why do you worry about clothes? **See how the lilies of the field grow.**

어찌하여 너희는 옷 걱정을 하느냐? 들의 백합화가 어떻게 자라는가 살펴보아라. 수고도 하지 않고, 길쌈도 하지 않는다.

And why do you worry about clothes? See how the lilies of the field grow. **They do not labor or spin.**

And why do you worry about clothes? See how the lilies of the field grow. They do not labor or spin.

그러나 내가 너희에게 말한다. 온갖 영화로 차려입은 솔로몬도

Yet I tell you that not even Solomon in all his splendor

그러나 내가 너희에게 말한다. 온갖 영화로 차려입은 솔로몬도 이 꽃 하나와 같이 잘 입지는 못하였다.
Yet I tell you that not even Solomon in all his splendor **was dressed like one of these.**

Yet I tell you that not even Solomon in all his splendor was dressed like one of these.

⇢ 6:30

들풀도 하나님께서 이와 같이 입히시거든,
If that is how God clothes the grass of the field,

오늘 있다가 내일 아궁이에 들어갈 들풀도, 하나님께서 이와 같이 입히시거든,
If that is how God clothes the grass of the field, **which is here today and tomorrow is thrown into the fire,**

오늘 있다가 내일 아궁이에 들어갈 들풀도, 하나님께서 이와 같이 입히시거든, 하물며 너희들을 입히시지 않겠느냐?
If that is how God clothes the grass of the field, which is here today and tomorrow is thrown into the fire, **will he not much more clothe you,**

오늘 있다가 내일 아궁이에 들어갈 들풀도, 하나님께서 이와 같이 입히시거든, 하물며 너희들을 입히시지 않겠느냐? 믿음이 적은 사람들아!
If that is how God clothes the grass of the field, which is here today and tomorrow is thrown into the fire, will he not much more clothe you, **O you of little faith?**

If that is how God clothes the grass of the field, which is here today and tomorrow is thrown into the fire, will he not much more clothe you, O you of little faith?

6:31

그러므로 무엇을 먹을까, 하고 걱정하지 말아라.
So do not worry, saying, 'What shall we eat?'

그러므로 무엇을 먹을까, 무엇을 마실까, 무엇을 입을까, 하고 걱정하지 말아라.
So do not worry, saying, 'What shall we eat?' **or 'What shall we drink?' or 'What shall we wear?'**

So do not worry, saying, 'What shall we eat?' or 'What shall we drink?' or 'What shall we wear?'

6:32

이 모든 것은 이방 사람들이 구하는 것이요,
For the pagans run after all these things,

이 모든 것은 이방 사람들이 구하는 것이요, 너희의 하늘 아버지께서는, 이 모든 것이 너희에게 필요하다는 것을 아신다.
For the pagans run after all these things, **and your heavenly Father knows that you need them.**

For the pagans run after all these things, and your heavenly Father knows that you need them.

·····•**6:33**

너희는 먼저 하나님의 나라와 하나님의 의를 구하여라.

But seek first his kingdom and his righteousness,

너희는 먼저 하나님의 나라와 하나님의 의를 구하여라. 그리하면 이 모든 것을 너희에게 더하여 주실 것이다.

But seek first his kingdom and his righteousness, **and all these things will be given to you as well.**

But seek first his kingdom and his righteousness, and all these things will be given to you as well.

·····•**6:34**

그러므로 내일 일을 걱정하지 말아라.

Therefore do not worry about tomorrow,

그러므로 내일 일을 걱정하지 말아라. 내일 걱정은 내일이 맡아서 할 것이다.

Therefore do not worry about tomorrow, **for tomorrow will worry about itself.**

그러므로 내일 일을 걱정하지 말아라. 내일 걱정은 내일이 맡아서 할 것이다. 한날의 괴로움은 그날에 겪는 것으로 족하다."

Therefore do not worry about tomorrow, for tomorrow will worry about itself. **Each day has enough trouble of its own.**

Therefore do not worry about tomorrow, for tomorrow will worry about itself. Each day has enough trouble of its own.

sow v. (씨를) 뿌리다 | reap v. 거두다 | spin v. (빙빙) 돌다 | grass n. 풀, 잔디

말씀 읊조리기 – 1단계
각 절의 시작하는 단어를 보면서 외운 말씀 전체를 소리 내어 읊조리십시오.

25 "Therefore I tell you,

26 Look at the birds of the air;

27 Who of you by worrying

28 "And why do you worry about

29 Yet I tell you that not even Solomon

30 If that is how God clothes

31 So do not worry, saying,

32 For the pagans run after

33 But seek first his kingdom

34 Therefore do not worry about tomorrow,

말씀 읊조리기 – 2단계
우리말 본문을 눈으로 읽으면서 영어로 소리 내어 읊조리십시오.

25 "그러므로 내가 너희에게 말한다. 목숨을 부지하려고 무엇을 먹을까 또는 무엇을 마실까 걱정하지 말고, 몸을 감싸려고 무엇을 입을까 걱정하지 말아라. 목숨이 음식보다 소중하지 아니하냐? 몸이 옷보다 소중하지 아니하냐?

26 공중의 새를 보아라. 씨를 뿌리지도 않고, 거두지도 않고, 곳간에 모아들이지도 않으나, 너희의 하늘 아버지께서 그것들을 먹이신다. 너희는 새보다 귀하지 아니하냐?

27 너희 가운데서 누가, 걱정을 해서. 자기 수명을 한순간인들 늘일 수 있느냐?

28 어찌하여 너희는 옷 걱정을 하느냐? 들의 백합화가 어떻게 자라는가 살펴보

124

아라. 수고도 하지 않고, 길쌈도 하지 않는다.

29 그러나 내가 너희에게 말한다. 온갖 영화로 차려입은 솔로몬도 이 꽃 하나와 같이 잘 입지는 못하였다.

30 오늘 있다가 내일 아궁이에 들어갈 들풀도 하나님께서 이와 같이 입히시거든, 하물며 너희들을 입히시지 않겠느냐? 믿음이 적은 사람들아!

31 그러므로 무엇을 먹을까, 무엇을 마실까, 무엇을 입을까, 하고 걱정하지 말아라.

32 이 모든 것은 모두 이방사람들이 구하는 것이요, 너희의 하늘 아버지께서는, 이 모든 것이 너희에게 필요하다는 것을 아신다.

33 너희는 먼저 하나님의 나라와 하나님의 의를 구하여라. 그리하면 이 모든 것을 너희에게 더하여 주실 것이다.

34 그러므로 내일 일을 걱정하지 말아라. 내일 걱정은 내일이 맡아서 할 것이다. 한날의 괴로움은 그날에 겪는 것으로 족하다."

묵상하기 – 믿음은 염려를 물리친다
외운 말씀을 되새기며 성령께서 말씀하시는 소리에 귀를 기울이십시오.

자신을 보호해줄 부모가 없는 아이가 자신의 삶을 걱정하는 것은 이해할 만하다. 하지만 왕의 아들이 무엇을 먹을지, 무엇을 입을지 걱정하는 것은 쓸데없는 일이다. 염려의 비슷한 말은 불신이고, 반대말은 믿음이다. 그러기에 사탄은 우리의 신분을 흔들어놓으려고 염려라는 수월찮은 무기를 사용한다. 그것은 예로부터 하나님을 믿는다고 하면서 실제로 그분을 신뢰하지 못하는 사람들에게 아주 효과적으로 사용되어왔다. 오늘도 당신이 염려한다면, 그것은 사탄이 당신을 둘러싸고 있다는 것이고 당신은 속고 있는 것이다. 믿음만이 염려를 물리칠 수 있는 방패이다. 조물주이신 주님께서 염려하지 말라고 하면 염려하면 안 된다. 그것은 불신이고 불신은 죄이다.

믿음이 없이는 하나님을 기쁘게 해드릴 수 없다. "하나님께 나아가는 사람은, 하나님이 계시다는 것과, 하나님은 자기를 찾는 사람들에게 상을 주시는 분이시라는 것을 믿어야" 한다(히 11:6).

순종 노트

순종해야 할 일이 생각났으면 적고 행하십시오. 믿음과 순종은 하나여야 합니다.

남을 심판하지 말아라
(7:1-6)

말씀 읽기

전체 내용이 이해될 때까지 본문을 소리 내어 또박또박 읽으십시오.

1 "너희가 심판을 받지 않으려거든, 남을 심판하지 말아라.

2 너희가 남을 심판하는 그 심판으로 하나님께서 너희를 심판하실 것이요, 너희가 되질하여 주는 그 되로 너희에게 되어서 주실 것이다.

3 어찌하여 너는 남의 눈 속에 있는 티는 보면서, 네 눈 속에 있는 들보는 깨닫지 못하느냐?

4 네 눈 속에는 들보가 있는데, 어떻게 남에게 말하기를 '네 눈에서 티를 빼내줄 테니 가만히 있거라' 할 수 있겠느냐?

5 위선자야, 먼저 네 눈에서 들보를 빼내어라. 그래야 네 눈이 잘 보여서, 남의 눈 속에 있는 티를 빼줄 수 있을 것이다."

6 "거룩한 것을 개에게 주지 말고, 너희의 진주를 돼지 앞에 던지지 말아라. 그들이 발로 그것을 짓밟고, 되돌아서서, 너희를 물어뜯을지도 모른다."

말씀 외우기

우리말로 먼저 읽고 영문으로 크게 소리 내어 읽으며 천천히 정확하게 외우십시오.

• 7:1

"너희가 심판을 받지 않으려거든, 남을 심판하지 말아라.

"Do not judge, or you too will be judged.

"Do not judge, or you too will be judged.

7:2

너희가 남을 심판하는 그 심판으로
For in the same way you judge others,

너희가 남을 심판하는 그 심판으로 하나님께서 너희를 심판하실 것이요,
For in the same way you judge others, **you will be judged,**

너희가 남을 심판하는 그 심판으로 하나님께서 너희를 심판하실 것이요, 너희가 되질하여 주는 그 되로 너희에게 되어서 주실 것이다.
For in the same way you judge others, you will be judged, **and with the measure you use, it will be measured to you.**

For in the same way you judge others, you will be judged, and with the measure you use, it will be measured to you.

7:3

어찌하여 너는 남의 눈 속에 있는 티는 보면서,
"Why do you look at the speck of sawdust in your brother's eye

어찌하여 너는 남의 눈 속에 있는 티는 보면서, 네 눈 속에 있는 들보는 깨닫지 못하느냐?
"Why do you look at the speck of sawdust in your brother's eye **and pay no attention to the plank in your own eye?**

"Why do you look at the speck of sawdust in your brother's eye and pay no attention to the plank in your own eye?

• 7:4

어떻게 남에게 말하기를

How can you say to your brother,

어떻게 남에게 말하기를 '네 눈에서 티를 빼내줄 테니 가만히 있거라' 할 수 있겠느냐?

How can you say to your brother, 'Let me take the speck out of your eye,'

네 눈 속에는 들보가 있는데, 어떻게 남에게 말하기를 '네 눈에서 티를 빼내줄 테니 가만히 있거라' 할 수 있겠느냐?

How can you say to your brother, 'Let me take the speck out of your eye,' when all the time there is a plank in your own eye?

How can you say to your brother, 'Let me take the speck out of your eye,' when all the time there is a plank in your own eye?

• 7:5

위선자야, 먼저 네 눈에서 들보를 빼내어라.

You hypocrite, first take the plank out of your own eye,

위선자야, 먼저 네 눈에서 들보를 빼내어라. 그래야 네 눈이 잘 보여서, 남의 눈에서 티를 빼줄 수 있을 것이다."

You hypocrite, first take the plank out of your own eye, **and then you will see clearly to remove the speck from your brother's eye.**

You hypocrite, first take the plank out of your own eye, and then you will see clearly to remove the speck from your brother's eye.

• 7:6

"거룩한 것을 개에게 주지 말고,

"Do not give dogs what is sacred;

"거룩한 것을 개에게 주지 말고, 너희의 진주를 돼지 앞에 던지지 말아라.

"Do not give dogs what is sacred; **do not throw your pearls to pigs.**

"거룩한 것을 개에게 주지 말고, 너희의 진주를 돼지 앞에 던지지 말아라. 그들이 발로 그것을 짓밟고,

"Do not give dogs what is sacred; do not throw your pearls to pigs. **If you do, they may trample them under their feet,**

"거룩한 것을 개에게 주지 말고, 너희의 진주를 돼지 앞에 던지지 말아라. 그들이 발로 그것을 짓밟고, 되돌아서서, 너희를 물어뜯을지도 모른다."

"Do not give dogs what is sacred; do not throw your pearls to pigs. If you do, they may trample them under their feet, **and turn and tear you to pieces**

"Do not give dogs what is sacred; do not throw your pearls to pigs. If you do, they may trample them under their feet, and turn and tear you to pieces

---

speck n. 작은 알갱이 | sawdust n. 톱밥 | plank n. 널빤지

각 절의 시작하는 단어를 보면서 외운 말씀 전체를 소리 내어 읊조리십시오.

1   "Do not judge,
2   For in the same way
3   "Why do you look at the speck
4   How can you say to your brother,
5   You hypocrite,
6   "Do not give dogs what

말씀 읊조리기 – 2단계
우리말 본문을 눈으로 읽으면서 영어로 소리 내어 읊조리십시오.

1 "너희가 심판을 받지 않으려거든, 남을 심판하지 말아라.

2 너희가 남을 심판하는 그 심판으로 하나님께서 너희를 심판하실 것이요, 너희가 되질하여 주는 그 되로 너희에게 되어서 주실 것이다.

3 어찌하여 너는 남의 눈 속에 있는 티는 보면서, 네 눈 속에 있는 들보는 깨닫지 못하느냐?

4 네 눈 속에는 들보가 있는데, 어떻게 남에게 말하기를 '네 눈에서 티를 빼내줄 테니 가만히 있거라' 할 수 있겠느냐?

5 위선자야, 먼저 네 눈에서 들보를 빼내어라. 그래야 네 눈이 잘 보여서, 남의 눈 속에 있는 티를 빼줄 수 있을 것이다."

6 "거룩한 것을 개에게 주지 말고, 너희의 진주를 돼지 앞에 던지지 말아라. 그들이 발로 그것을 짓밟고, 되돌아서서, 너희를 물어뜯을지도 모른다."

묵상하기 - 말을 조심하라

외운 말씀을 되새기며 성령께서 말씀하시는 소리에 귀를 기울이십시오.

다른 사람을 심판(비판)하는 것은 말의 남용이다. 심은 대로 거두듯 내가 뱉은 은혜롭지 못한 말들은 독이 되어 내게로 향한다.

언어는 하나님의 형상을 닮은 사람들에게만 주어진 하나님의 특별한 선물이다. 사람만이 말을 할 수 있다는 것은 사람이 하나님의 형상대로 빚어진 유일한 창조물이라는 뜻이다.

지나치게 말을 하다보면 상대를 깎아내리는 말도 하게 되는데 그러다 보면 사탄이 쳐놓은 올무에 걸려들게 된다. 선한 말일지라도 악인들 앞에서는 아껴야 한다. 그것이 돼지 앞에 던져진 진주가 될 수 있다.

순종 노트

순종해야 할 일이 생각났으면 적고 행하십시오. 믿음과 순종은 하나여야 합니다.

구하는 사람마다 얻을 것이요
(7:7-12)

말씀 읽기

전체 내용이 이해될 때까지 본문을 소리 내어 또박또박 읽으십시오.

7 "구하여라. 그리하면 하나님께서 너희에게 주실 것이다. 찾아라, 그리하면 너희가 찾을 것이다. 문을 두드려라, 그리하면 하나님께서 너희에게 열어주실 것이다.

8 구하는 사람마다 얻을 것이요, 찾는 사람마다 찾을 것이요, 문을 두드리는 사람에게 열어주실 것이다.

9 너희 가운데서 아들이 빵을 달라고 하는데 돌을 줄 사람이 어디에 있으며,

10 생선을 달라고 하는데 뱀을 줄 사람이 어디에 있겠느냐?

11 너희가 악해도 너희 자녀에게 좋은 것을 줄 줄 알거든, 하물며 하늘에 계신 너희 아버지께서, 구하는 사람에게 좋은 것을 주지 아니하시겠느냐?

12 "그러므로 너희는 무엇이든지, 남에게 대접을 받고자 하는 대로, 너희도 남을 대접하여라. 이것이 율법과 예언서의 본뜻이다."

말씀 외우기

우리말로 먼저 읽고 영문으로 크게 소리 내어 읽으며 천천히 정확하게 외우십시오.

• **7:7**

"구하여라. 그리하면 하나님께서 너희에게 주실 것이다.

"Ask and it will be given to you;

"구하여라. 그리하면 하나님께서 너희에게 주실 것이다. 찾아라, 그리하면 너희
가 찾을 것이다.
"Ask and it will be given to you; **seek and you will find;**

"구하여라. 그리하면 하나님께서 너희에게 주실 것이다. 찾아라, 그리하면 너희
가 찾을 것이다. 문을 두드려라, 그리하면 하나님께서 너희에게 열어주실 것
이다.
"Ask and it will be given to you; seek and you will find; **knock and the
door will be opened to you.**

**"Ask and it will be given to you; seek and you will find; knock and the
door will be opened to you.**

7:8

구하는 사람마다 얻을 것이요,
For everyone who asks receives;

구하는 사람마다 얻을 것이요, 찾는 사람마다 찾을 것이요,
For everyone who asks receives; **he who seeks finds;**

구하는 사람마다 얻을 것이요, 찾는 사람마다 찾을 것이요, 문을 두드리는 사람
에게 열어주실 것이다.
For everyone who asks receives; he who seeks finds; **and to him who
knocks, the door will be opened.**

**For everyone who asks receives; he who seeks finds; and to him who
knocks, the door will be opened.**

너희 가운데서 아들이 빵을 달라고 하는데

"Which of you, if his son asks for bread,

너희 가운데서 아들이 빵을 달라고 하는데 돌을 줄 사람이 어디에 있으며,

"Which of you, if his son asks for bread, **will give him a stone?**

"Which of you, if his son asks for bread, will give him a stone?

생선을 달라고 하는데 뱀을 줄 사람이 어디에 있겠느냐?

Or if he asks for a fish, will give him a snake?

Or if he asks for a fish, will give him a snake?

너희가 악해도

If you, then, though you are evil,

너희가 악해도 너희 자녀에게 좋은 것을 줄 줄 알거든,

If you, then, though you are evil, **know how to give good gifts to your children,**

너희가 악해도 너희 자녀에게 좋은 것을 줄 줄 알거든, 하물며 하늘에 계신 너희 아버지께서, 좋은 것을 주지 아니하시겠느냐?

If you, then, though you are evil, know how to give good gifts to your children, **how much more will your Father in heaven give good gifts**

너희가 악해도 너희 자녀에게 좋은 것을 줄 줄 알거든, 하물며 하늘에 계신 너희 아버지께서, 구하는 사람에게 좋은 것을 주지 아니하시겠느냐?

If you, then, though you are evil, know how to give good gifts to your children, how much more will your Father in heaven give good gifts **to those who ask him!**

If you, then, though you are evil, know how to give good gifts to your children, how much more will your Father in heaven give good gifts to those who ask him!

• 7:12

"그러므로 너희는 무엇이든지, 너희도 남을 대접하여라.

So in everything, do to others

"그러므로 너희는 무엇이든지, 남에게 대접을 받고자 하는 대로, 너희도 남을 대접하여라.

So in everything, do to others **what you would have them do to you,**

"그러므로 너희는 무엇이든지, 남에게 대접을 받고자 하는 대로, 너희도 남을 대접하여라. 이것이 율법과 예언서의 본뜻이다."

So in everything, do to others what you would have them do to you, **for this sums up the Law and the Prophets.**

So in everything, do to others what you would have them do to you, for this sums up the Law and the Prophets.

말씀 읊조리기 – 1단계

각 절의 시작하는 단어를 보면서 외운 말씀 전체를 소리 내어 읊조리십시오.

7   "Ask and it will be given to you;

8   For everyone who asks receives;

9   "Which of you,

10   Or if he asks for a fish,

11   If you, then, though you are evil,

12   So in everything,

말씀 읊조리기 – 2단계
우리말 본문을 눈으로 읽으면서 영어로 소리 내어 읊조리십시오.

7 "구하여라, 그리하면 하나님께서 너희에게 주실 것이다. 찾아라, 그리하면 너희가 찾을 것이다. 문을 두드려라, 그리하면 하나님께서 너희에게 열어주실 것이다.

8 구하는 사람마다 얻을 것이요, 찾는 사람마다 찾을 것이요, 문을 두드리는 사람에게 열어주실 것이다.

9 너희 가운데서 아들이 빵을 달라고 하는데 돌을 줄 사람이 어디에 있으며,

10 생선을 달라고 하는데 뱀을 줄 사람이 어디에 있겠느냐?

11 너희가 악해도 너희 자녀에게 좋은 것을 줄 줄 알거든, 하물며 하늘에 계신 너희 아버지께서, 구하는 사람에게 좋은 것을 주지 아니하시겠느냐?"

12 "그러므로 너희는 무엇이든지, 남에게 대접을 받고자 하는 대로, 너희도 남을 대접하여라. 이것이 율법과 예언서의 본뜻이다."

묵상하기 – 무엇을 구할 것인가?
외운 말씀을 되새기며 성령께서 말씀하시는 소리에 귀를 기울이십시오.

구하면 받고, 찾으면 찾고, 문을 두드리면 열린다고 주님은 말씀하신다. 이 말씀은 하나님을 아버지로 모신 자녀가 무엇이든지 구하면 주신다는 말씀이다. 하나님 아버지는 그분의 자녀들이 구하는 것을 주시기를 원하신다. 하지만 이 말

씀의 본뜻은 마지막 절에 있다. 우리 간구의 이유가 나 자신만이 아니라 이웃과 세상을 향한 것이라야 한다는 뜻이다.

부끄럽지만 내가 경험한 이야기를 실어본다.

어제 막내딸 라라가 귀에 대고 말했다.

"아빠 다음번 생일에는 콜라 한 병만 사주세요."

생일마다 콜라와 사과, 바나나를 선물로 달라 해서 매년 그렇게 선물을 받았던 라라가 콜라가 먹고 싶은 모양이다.

그런데 생일이 되려면 11개월을 기다려야 한다.

마음이 짠해 글을 쓰다 말고 그만 약속을 해버렸다.

"내일 사줄게!"

아침 일찍부터 내 얼굴 앞에서 맴도는 라라에게 콜라를 사러 가자고 했다.

몇 병을 먹고 싶냐는 물음에 함박웃음만 지을 뿐 대답을 못 하고 있다.

"열 병 사줄게."

나는 그런 딸이 너무 사랑스러워 이렇게 대답하고 말았다.

라라가 내 말에 예쁜 작은 코로 내 코를 부빈다.

"아빠! 한 병은 마리아 언니 줄 거야,

음, 그리고 아도니아 언니도 줄 거야.

에클레시아 언니도 주고 나샤 언니도 주고 다윗 오빠도 주고, 필립 오빠도 줄 거야."

싱가포르로 여행을 간 필립에게도 주겠단다.

"음, 아빠도 줄 거야."

그러면서 학교에 머물고 있는 학생들 이름을 쭉 댄다.

"라라, 그러면 모자라겠는데."

"그럼 내가 안 먹으면 되지."

딸의 대답이 너무 기특했다.

"라라! 아빠가 콜라 백 병 사줄게"

쓰던 글을 얼른 마무리하고 콜라를 사러 가야겠다.
오늘은 우선 캔 콜라 한 박스라도 사야겠다.
집에서 8킬로미터는 떨어진 가게까지 걷는 시골길이 성지순례보다 더 가슴이
뛴다.

하나님 아버지 만세!

순종 노트
순종해야 할 일이 생각났으면 적고 행하십시오. 믿음과 순종은 하나여야 합니다.

좁은 문으로 들어가거라
(7:13-14)

말씀 읽기

전체 내용이 이해될 때까지 본문을 소리 내어 또박또박 읽으십시오.

13 "좁은 문으로 들어가거라. 멸망으로 이끄는 문은 넓고, 그 길이 널찍하여서, 그리로 들어가는 사람이 많다.

14 생명으로 이끄는 문은 너무나도 좁고, 그 길이 비좁아서, 그것을 찾는 사람이 적다."

말씀 외우기

우리말로 먼저 읽고 영문으로 크게 소리 내어 읽으며 천천히 정확하게 외우십시오.

7:13

"좁은 문으로 들어가거라.

"Enter through the narrow gate.

"좁은 문으로 들어가거라. 멸망으로 이끄는 문은 넓고, 그 길이 널찍하여서,

"Enter through the narrow gate. For wide is the gate and broad is the road that leads to destruction,

"좁은 문으로 들어가거라. 멸망으로 이끄는 문은 넓고, 그 길이 널찍하여서,

그리로 들어가는 사람이 많다.

"Enter through the narrow gate. For wide is the gate and broad is the road that leads to destruction, **and many enter through it.**

"Enter through the narrow gate. For wide is the gate and broad is the road that leads to destruction, and many enter through it.

• 7:14

생명으로 이끄는 문은 너무나도 좁고, 그 길이 비좁아서,

But small is the gate and narrow the road that leads to life,

생명으로 이끄는 문은 너무나도 좁고, 그 길이 비좁아서, 그것을 찾는 사람이 적다."

But small is the gate and narrow the road that leads to life, **and only a few find it.**

But small is the gate and narrow the road that leads to life, and only a few find it.

말씀 읊조리기 – 1단계
각 절의 시작하는 단어를 보면서 외운 말씀 전체를 소리 내어 읊조리십시오.

13 "Enter through the narrow gate.

14 But small is the gate

말씀 읊조리기 – 2단계
우리말 본문을 눈으로 읽으면서 영어로 소리 내어 읊조리십시오.

13 "좁은 문으로 들어가거라. 멸망으로 이끄는 문은 넓고, 그 길이 널찍하여서, 그리로 들어가는 사람이 많다.

14 생명으로 이끄는 문은 너무나도 좁고, 그 길이 비좁아서, 그것을 찾는 사람이 적다."

묵상하기 – 어느 쪽이 생명으로 이어지는가?

외운 말씀을 되새기며 성령께서 말씀하시는 소리에 귀를 기울이십시오.

어제 가족예배에는 세 살, 다섯 살, 일곱 살, 아홉 살, 열네 살 된 딸과 열두 살 된 아들 그리고 아내와 여든아홉 되신 노모가 함께했다. 위로 두 아들은 출타 중.

마가복음 7장의 좁은 문으로 들어가라는 말씀을 읽고 설교를 시작했다. 멸망으로 인도하는 문은 크고 그 길이 넓어 그리로 들어가는 사람이 많고 생명으로 인도하는 문은 좁고 그 길이 협착하여 찾는 이가 적다는 말씀이었다.

짧지 않은 설교를 마칠 무렵 아이들에게 물었다. 좁은 문으로 들어가는 길과 넓은 문으로 들어가는 길 중 어느 쪽으로 가는 것이 쉽겠냐고 말이다.

그런데 나이가 어린 세 명의 딸들이 좁은 길로 가는 것이 쉽다고 말했다. 거듭 물어도 그 대답은 똑같았다.

예상과 다른 대답에 순간 멈칫했지만 이내 그것이 정답이라며 설교를 이어갔다. 멸망으로 인도하는 넓은 길로 가는 것보다 생명으로 이어지는 좁은 문으로 들어가는 것이 훨씬 쉽다고 말이다. 넓다 한들 죽음으로 들어가는 문임을 안다면 들어가기 쉽지 않을 것이고, 좁다 한들 생명을 보장하는 길이라는 믿음이 있다면 당연히 좁은 문으로 들어가는 것이 쉽고 행복하다는 결론을 내렸다.

아이들은 어느 쪽이 가기 쉬울까보다는 어느 쪽으로 가야 생명을 얻기 쉬울 것인가를 보았던 것이다. 아이들의 눈과 어른들의 생각 차이에서 천국의 주인이 판가름 나는 것이 아닐까?

설교는 내가 했지만 어린 딸들의 대답을 통해 깨달음을 얻었다.

순종 노트

순종해야 할 일이 생각났으면 적고 행하십시오. 믿음과 순종은 하나여야 합니다.

좋은 나무가 나쁜 열매를 맺을 수 없고
(7:15-20)

말씀 읽기

전체 내용이 이해될 때까지 본문을 소리 내어 또박또박 읽으십시오.

15 "거짓 예언자들을 살펴라. 그들은 양의 탈을 쓰고 너희에게 오지만, 속은 굶주린 이리들이다.

16 너희는 그 열매를 보고 그들을 알아야 한다. 가시나무에서 어떻게 포도를 따며, 엉겅퀴에서 어떻게 무화과를 딸 수 있겠느냐?

17 이와 같이, 좋은 나무는 좋은 열매를 맺고, 나쁜 나무는 나쁜 열매를 맺는다.

18 좋은 나무가 나쁜 열매를 맺을 수 없고, 나쁜 나무가 좋은 열매를 맺을 수 없다.

19 좋은 열매를 맺지 않는 나무는, 찍어서 불 속에 던진다.

20 그러므로 너희는 그 열매를 보고 그 사람들을 알아야 한다."

말씀 외우기

우리말로 먼저 읽고 영문으로 크게 소리 내어 읽으며 천천히 정확하게 외우십시오.

7:15

"거짓 예언자들을 살펴라.

"Watch out for false prophets.

"거짓 예언자들을 살펴라. 그들은 양의 탈을 쓰고 너희에게 오지만,

"Watch out for false prophets. **They come to you in sheep's clothing,**

"거짓 예언자들을 살펴라. 그들은 양의 탈을 쓰고 너희에게 오지만, 속은 굶주린 이리들이다.
"Watch out for false prophets. They come to you in sheep's clothing, **but inwardly they are ferocious wolves.**

"Watch out for false prophets. They come to you in sheep's clothing, but inwardly they are ferocious wolves.

7:16

너희는 그 열매를 보고 그들을 알아야 한다.
By their fruit you will recognize them.

너희는 그 열매를 보고 그들을 알아야 한다. 가시나무에서 어떻게 포도를 따며,
By their fruit you will recognize them. **Do people pick grapes from thornbushes,**

너희는 그 열매를 보고 그들을 알아야 한다. 가시나무에서 어떻게 포도를 따며, 엉겅퀴에서 어떻게 무화과를 딸 수 있겠느냐?
By their fruit you will recognize them. Do people pick grapes from thornbushes, **or figs from thistles?**

By their fruit you will recognize them. Do people pick grapes from thornbushes, or figs from thistles?

7:17

이와 같이, 좋은 나무는 좋은 열매를 맺고,

Likewise every good tree bears good fruit,

이와 같이, 좋은 나무는 좋은 열매를 맺고, 나쁜 나무는 나쁜 열매를 맺는다.
Likewise every good tree bears good fruit, **but a bad tree bears bad
fruit.**

**Likewise every good tree bears good fruit, but a bad tree bears bad
fruit.**

•7:18

좋은 나무가 나쁜 열매를 맺을 수 없고,
A good tree cannot bear bad fruit,

좋은 나무가 나쁜 열매를 맺을 수 없고, 나쁜 나무가 좋은 열매를 맺을 수 없다.
A good tree cannot bear bad fruit, **and a bad tree cannot bear
good fruit.**

**A good tree cannot bear bad fruit, and a bad tree cannot bear
good fruit.**

•7:19

좋은 열매를 맺지 않는 나무는,
Every tree that does not bear good fruit is

좋은 열매를 맺지 않는 나무는, 찍어서 불 속에 던진다.
Every tree that does not bear good fruit is **cut down and thrown
into the fire.**

Every tree that does not bear good fruit is cut down and thrown into the fire.

• **7:20**

그러므로 너희는 그 열매를 보고 그 사람들을 알아야 한다."
Thus, by their fruit you will recognize them.

Thus, by their fruit you will recognize them.

---

ferocious adj. 흉포한 | thornbushes n. 가시나무 덤불 | fig n. 무화과 | thistle n. 엉겅퀴

말씀 읊조리기 – 1단계
각 절의 시작하는 단어를 보면서 외운 말씀 전체를 소리 내어 읊조리십시오.

15 "Watch out for false prophets.
16 By their fruit you will
17 Likewise every good tree bears
18 A good tree cannot bear bad fruit,
19 Every tree that does not bear
20 Thus, by their fruit

말씀 읊조리기 – 2단계
우리말 본문을 눈으로 읽으면서 영어로 소리 내어 읊조리십시오.

15 "거짓 예언자들을 살펴라. 그들은 양의 탈을 쓰고 너희에게 오지만, 속은 굶주린 이리들이다.

16 너희는 그 열매를 보고 그들을 알아야 한다. 가시나무에서 어떻게 포도를 따며, 엉겅퀴에서 어떻게 무화과를 딸 수 있겠느냐?

17 이와 같이, 좋은 나무는 좋은 열매를 맺고, 나쁜 나무는 나쁜 열매를 맺는다.

18 좋은 나무가 나쁜 열매를 맺을 수 없고, 나쁜 나무가 좋은 열매를 맺을 수 없다.

19 좋은 열매를 맺지 않는 나무는, 찍어서 불 속에 던진다.

20 그러므로 너희는 그 열매를 보고 그 사람들을 알아야 한다."

묵상하기 – 열매 맺는 삶
외운 말씀을 되새기며 성령께서 말씀하시는 소리에 귀를 기울이십시오.

열매는 현재이다. 지금 열매가 없다면 나쁜 나무인 것이다. 과일나무도 수년이 지나면 당연히 열매를 맺는다. 주님은 우리의 열매를 보신다. 좋은 나무라면 좋은 열매를 맺을 것이고 그 나무의 상급은 열매로 판단된다. 좋은 열매를 맺지 않으면 그것은 좋은 나무가 아니고 그래서 꺼지지 않는 불에 던져진다.

마지막 때엔 거짓 선지자와 거짓 스승들이 나타난다. 그들의 특징은 삶의 열매가 없다는 것이다. 가르치는 대로 살지 않으면 거짓 목자다. 가르치는 대로 사는 목자는 좋은 목자이지만 사는 대로 가르치는 이야말로 참 목자이다. 우리 주님은 "행하시고 가르치"셨다(행 1:1).

순종 노트
순종해야 할 일이 생각났으면 적고 행하십시오. 믿음과 순종은 하나여야 합니다.

내 아버지의 뜻을 행하는 사람이라야 천국에 들어간다(7:21-27)

말씀 읽기

전체 내용이 이해될 때까지 본문을 소리 내어 또박또박 읽으십시오.

21 "나더러 '주님, 주님' 하는 사람이라고 해서 다 하늘나라에 들어가는 것이 아니다. 하늘에 계신 내 아버지의 뜻을 행하는 사람이라야 들어간다.

22 그날에 많은 사람이 나에게 말하기를 '주님, 주님, 우리가 주님의 이름으로 예언을 하고, 주님의 이름으로 귀신을 쫓아내고, 또 주님의 이름으로 많은 기적을 행하지 않았습니까?' 할 것이다.

23 그때에 내가 그들에게 분명히 말할 것이다. '나는 너희를 도무지 알지 못한다. 불법을 행하는 자들아, 내게서 물러가라.'"

24 "그러므로 내 말을 듣고 그대로 행하는 사람은, 반석 위에다 자기 집을 지은, 슬기로운 사람과 같다고 할 것이다.

25 비가 내리고, 홍수가 나고, 바람이 불어서, 그 집에 들이쳤지만, 무너지지 않았다. 그 집을 반석 위에 세웠기 때문이다.

26 그러나 나의 이 말을 듣고서도 그대로 행하지 않는 사람은, 모래 위에 자기 집을 지은, 어리석은 사람과 같다고 할 것이다.

27 비가 내리고, 홍수가 나고, 바람이 불어서, 그 집에 들이치니, 무너졌다. 그리고 그 무너짐이 엄청났다."

말씀 외우기

우리말로 먼저 읽고 영문으로 크게 소리 내어 읽으며 천천히 정확하게 외우십시오.

7:21

"나더러 '주님, 주님' 하는 사람이라고 해서
"Not everyone who says to me, 'Lord, Lord,'

"나더러 '주님, 주님' 하는 사람이라고 해서 다 하늘나라에 들어가는 것이 아니다.
"Not everyone who says to me, 'Lord, Lord,' **will enter the kingdom of heaven,**

"나더러 '주님, 주님' 하는 사람이라고 해서 다 하늘나라에 들어가는 것이 아니다. 하늘에 계신 내 아버지의 뜻을 행하는 사람이라야 들어간다.
"Not everyone who says to me, 'Lord, Lord,' will enter the kingdom of heaven, **but only the one who does the will of my Father who is in heaven.**

"Not everyone who says to me, 'Lord, Lord,' will enter the kingdom of heaven, but only the one who does the will of my Father who is in heaven.

7:22

그날에 많은 사람이 나에게 말하기를
Many will say to me on that day,

그날에 많은 사람이 나에게 말하기를 '주님, 주님, 우리가 주님의 이름으로 예언을 하고,
Many will say to me on that day, **'Lord, Lord, did we not prophesy in your name,**

그날에 많은 사람이 나에게 말하기를 '주님, 주님, 우리가 주님의 이름으로 예언을 하고, 주님의 이름으로 귀신을 쫓아내고,

Many will say to me on that day, 'Lord, Lord, did we not prophesy in your name, **and in your name drive out demons**

그날에 많은 사람이 나에게 말하기를 '주님, 주님, 우리가 주님의 이름으로 예언을 하고, 주님의 이름으로 귀신을 쫓아내고, 또 주님의 이름으로 많은 기적을 행하지 않았습니까?' 할 것이다.

Many will say to me on that day, 'Lord, Lord, did we not prophesy in your name, and in your name drive out demons **and perform many miracles?**

Many will say to me on that day, 'Lord, Lord, did we not prophesy in your name and in your name drive out demons and perform many miracles?

• **7:23**

그때에 내가 그들에게 분명히 말할 것이다.

Then I will tell them plainly,

그때에 내가 그들에게 분명히 말할 것이다. '나는 너희를 도무지 알지 못한다.

Then I will tell them plainly, **'I never knew you.**

그때에 내가 그들에게 분명히 말할 것이다. '나는 너희를 도무지 알지 못한다. 불법을 행하는 자들아, 내게서 물러가라.'"

Then I will tell them plainly, 'I never knew you. **Away from me, you evildoers!'**

Then I will tell them plainly, 'I never knew you. Away from me,

you evildoers!'

• 7:24

"그러므로 내 말을 듣고

"Therefore everyone who hears these words of mine

"그러므로 내 말을 듣고 그대로 행하는 사람은,

"Therefore everyone who hears these words of mine **and puts them**
into practice is

"그러므로 내 말을 듣고 그대로 행하는 사람은, 반석 위에다 자기 집을 지은, 슬
기로운 사람과 같다고 할 것이다.

"Therefore everyone who hears these words of mine and puts them
into practice is **like a wise man who built his house on the rock.**

"Therefore everyone who hears these words of mine and puts them
into practice is like a wise man who built his house on the rock.

• 7:25

비가 내리고, 홍수가 나고,

The rain came down, the streams rose,

비가 내리고, 홍수가 나고, 바람이 불어서, 그 집에 들이쳤지만,

The rain came down, the streams rose, **and the winds blew and beat**
against that house;

비가 내리고, 홍수가 나고, 바람이 불어서, 그 집에 들이쳤지만, 무너지지 않았
다. 그 집을 반석 위에 세웠기 때문이다.

The rain came down, the streams rose, and the winds blew and beat against that house; yet it did not fall, because it had its foundation on the rock.

The rain came down, the streams rose, and the winds blew and beat against that house; yet it did not fall, because it had its foundation on the rock.

• 7:26

그러나 나의 이 말을 듣고서도
But everyone who hears these words of mine

그러나 나의 이 말을 듣고서도 그대로 행하지 않는 사람은,
But everyone who hears these words of mine and does not put them into practice is

그러나 나의 이 말을 듣고서도 그대로 행하지 않는 사람은, 모래 위에 자기 집을 지은, 어리석은 사람과 같다고 할 것이다.
But everyone who hears these words of mine and does not put them into practice is like a foolish man who built his house on sand.

But everyone who hears these words of mine and does not put them into practice is like a foolish man who built his house on sand.

• 7:27

비가 내리고, 홍수가 나고, 바람이 불어서,
The rain came down, the streams rose, and the winds blew

비가 내리고, 홍수가 나고, 바람이 불어서, 그 집에 들이치니,

The rain came down, the streams rose, and the winds blew **and beat against that house,**

비가 내리고, 홍수가 나고, 바람이 불어서, 그 집에 들이치니, 무너졌다. 그리고 그 무너짐이 엄청났다.”

The rain came down, the streams rose, and the winds blew and beat against that house, **and it fell with a great crash.”**

The rain came down, the streams rose, and the winds blew and beat against that house, and it fell with a great crash.”

---

prophesy v. 예언하다 | plainly adv. 분명히 | evildoer n. 악인 | stream n. 개울, 시내
foundation n. (건물의) 토대 | a great crash 요란한 소리

말씀 읊조리기 – 1단계

각 절의 시작하는 단어를 보면서 외운 말씀 전체를 소리 내어 읊조리십시오.

21 “Not everyone who says to me,
22 Many will say to me on that day,
23 Then I will tell them plainly,
24 “Therefore everyone who hears
25 The rain came down,
26 But everyone who hears
27 The rain came down,

말씀 읊조리기 – 2단계
우리말 본문을 눈으로 읽으면서 영어로 소리 내어 읊조리십시오.

21 "나더러 '주님, 주님' 하는 사람이라고 해서, 다 하늘나라에 들어가는 것이 아니다. 하늘에 계신 내 아버지의 뜻을 행하는 사람이라야 들어간다.
22 그날에 많은 사람이 나에게 말하기를 '주님, 주님, 우리가 주님의 이름으로 예언을 하고, 주님의 이름으로 귀신을 쫓아내고, 또 주님의 이름으로 많은 기적을 행하지 않았습니까?' 할 것이다.
23 그때에 내가 그들에게 분명히 말할 것이다. '나는 너희를 도무지 알지 못한다. 불법을 행하는 자들아, 내게서 물러가라.'"
24 "그러므로 내 말을 듣고 그대로 행하는 사람은, 반석 위에다 자기 집을 지은, 슬기로운 사람과 같다고 할 것이다.
25 비가 내리고, 홍수가 나고, 바람이 불어서, 그 집에 들이쳤지만, 무너지지 않았다. 그 집을 반석 위에 세웠기 때문이다.
26 그러나 나의 이 말을 듣고서도 그대로 행하지 않는 사람은, 모래 위에 자기 집을 지은, 어리석은 사람과 같다고 할 것이다.
27 비가 내리고, 홍수가 나고, 바람이 불어서, 그 집에 들이치니, 무너졌다. 그리고 그 무너짐이 엄청났다."

묵상하기 – 하나님의 말씀을 사랑하는가?
외운 말씀을 되새기며 성령께서 말씀하시는 소리에 귀를 기울이십시오.

마지막 날에 천국에 들어가는 조건은 주님의 이름으로 '얼마나 많은 일을 했느냐'가 아니다. '얼마나 그분의 말씀을 사랑하며 순종하는 삶을 살았느냐'이다. 마라톤을 완주했더라도 법대로 달리지 않았다면 월계관을 쓸 수가 없다. 하나님을 두려워하지 않는 사람들은 자신을 위해서라면 무슨 일이든 한다. 때로는 주님의 이름과 하나님의 말씀조차 자신의 이익을 위해 사용한다. 주님을 정말 사랑한다면 주님의 말씀을 있는 그대로 행하면서 기뻐해야 한다.
지금도 주님이 찾으시는 사람은 주님의 말씀대로 살아가는 사람이다. 읽고 외우고 읊조리며 그대로 살아가는 사람이 반석 위에 집을 세운 사람들이다.

순종 노트
순종해야 할 일이 생각났으면 적고 행하십시오. 믿음과 순종은 하나여야 합니다.

마태복음
8장 ~ 18장

가거라. 네가 믿은 대로 될 것이다
(8:5-13)

말씀 읽기

전체 내용이 이해될 때까지 본문을 소리 내어 또박또박 읽으십시오.

5 예수께서 가버나움에 들어가시니, 한 백부장이 다가와서, 그에게 간청하여

6 말하였다. "주님, 내 종이 중풍으로 집에 누워서 몹시 괴로워하고 있습니다."

7 예수께서 그에게 말씀하셨다. "내가 가서 고쳐주마."

8 백부장이 대답하였다. "주님, 나는 주님을 내 집에 모셔들일 만한 자격이 없습니다. 그저 한마디 말씀만 해주십시오. 그러면 내 종이 나을 것입니다.

9 나도 상관을 모시는 사람이고, 내 밑에도 병사들이 있어서, 내가 이 사람더러 가라고 하면 가고, 저 사람더러 오라고 하면 옵니다. 또 내 종더러 이것을 하라고 하면 합니다."

10 예수께서 이 말을 들으시고, 놀랍게 여기셔서, 따라오는 사람들에게 말씀하셨다. "내가 진정으로 너희에게 말한다. 나는 지금까지 이스라엘 사람 가운데서 아무에게서도 이런 믿음을 본 일이 없다.

11 내가 너희에게 말한다. 많은 사람이 동과 서에서 와서, 하늘나라에서 아브라함과 이삭과 야곱과 함께 잔치 자리에 앉을 것이다.

12 그러나 이 나라의 시민들은 바깥 어두운 데로 쫓겨나서, 거기서 울며 이를 갈 것이다."

13 그리고 예수께서 백부장에게 "가거라. 네가 믿은 대로 될 것이다." 하고 말씀하셨다. 그런데 바로 그 시각에 그 종이 나았다.

말씀 외우기

우리말로 먼저 읽고 영문으로 크게 소리 내어 읽으며 천천히 정확하게 외우십시오.

8:5

예수께서 가버나움에 들어가시니,

When Jesus had entered Capernaum,

예수께서 가버나움에 들어가시니, 한 백부장이 다가와서, 그에게 간청하여
When Jesus had entered Capernaum, **a centurion came to him, asking for help.**

When Jesus had entered Capernaum, a centurion came to him, asking for help.

8:6

말하였다. "주님, 내 종이 중풍으로 집에 누워서
"Lord," he said, "my servant lies at home paralyzed

말하였다. "주님, 내 종이 중풍으로 집에 누워서 몹시 괴로워하고 있습니다."
"Lord," he said, "my servant lies at home paralyzed **and in terrible suffering."**

"Lord," he said, "my servant lies at home paralyzed and in terrible suffering."

8:7

예수께서 그에게 말씀하셨다.
Jesus said to him,

예수께서 그에게 말씀하셨다. "내가 가서 고쳐주마."
Jesus said to him, "I will go and heal him."

Jesus said to him, "I will go and heal him."

8:8

백부장이 대답하였다. "주님, 나는 자격이 없습니다.
The centurion replied, "Lord, I do not deserve

백부장이 대답하였다. "주님, 나는 주님을 내 집에 모셔들일 만한 자격이 없습니다.
The centurion replied, "Lord, I do not deserve **to have you come under my roof.**

백부장이 대답하였다. "주님, 나는 주님을 내 집에 모셔들일 만한 자격이 없습니다. 그저 한마디 말씀만 해주십시오.
The centurion replied, "Lord, I do not deserve to have you come under my roof. **But just say the word,**

백부장이 대답하였다. "주님, 나는 주님을 내 집에 모셔들일 만한 자격이 없습니다. 그저 한마디 말씀만 해주십시오. 그러면 내 종이 나을 것입니다.
The centurion replied, "Lord, I do not deserve to have you come under my roof. But just say the word, **and my servant will be healed.**

The centurion replied, "Lord, I do not deserve to have you come under my roof. But just say the word, and my servant will be healed.

8:9

나도 상관을 모시는 사람이고,

For I myself am a man under authority,"

나도 상관을 모시는 사람이고, 내 밑에도 병사들이 있어서,

For I myself am a man under authority, **with soldiers under me.**

나도 상관을 모시는 사람이고, 내 밑에도 병사들이 있어서, 내가 이 사람더러 가라고 하면 가고,

For I myself am a man under authority, with soldiers under me.
I tell this one, 'Go,' and he goes;

나도 상관을 모시는 사람이고, 내 밑에도 병사들이 있어서, 내가 이 사람더러 가라고 하면 가고, 저 사람더러 오라고 하면 옵니다.

For I myself am a man under authority, with soldiers under me.
I tell this one, 'Go,' and he goes; **and that one, 'Come,' and he comes.**

나도 상관을 모시는 사람이고, 내 밑에도 병사들이 있어서, 내가 이 사람더러 가라고 하면 가고, 저 사람더러 오라고 하면 옵니다. 또 내 종더러 이것을 하라고 하면 합니다."

For I myself am a man under authority, with soldiers under me.
I tell this one, 'Go,' and he goes; and that one, 'Come,' and he comes.
I say to my servant, 'Do this,' and he does it."

**For I myself am a man under authority, with soldiers under me.
I tell this one, 'Go,' and he goes; and that one, 'Come,' and he comes.
I say to my servant, 'Do this,' and he does it."**

예수께서 이 말을 들으시고, 놀랍게 여기셔서,

When Jesus heard this, he was astonished

예수께서 이 말을 들으시고, 놀랍게 여기셔서, 따라오는 사람들에게 말씀하셨다.
When Jesus heard this, he was astonished **and said to those following him,**

예수께서 이 말을 들으시고, 놀랍게 여기셔서, 따라오는 사람들에게 말씀하셨다. "내가 진정으로 너희에게 말한다. 나는 지금까지 이스라엘 사람 가운데서 아무에게서도 본 일이 없다.
When Jesus heard this, he was astonished and said to those following him, **"I tell you the truth, I have not found anyone in Israel**

예수께서 이 말을 들으시고, 놀랍게 여기셔서, 따라오는 사람들에게 말씀하셨다. "내가 진정으로 너희에게 말한다. 나는 지금까지 이스라엘 사람 가운데서 아무에게서도 이런 믿음을 본 일이 없다.
When Jesus heard this, he was astonished and said to those following him, "I tell you the truth, I have not found anyone in Israel **with such great faith.**

When Jesus heard this, he was astonished and said to those following him, "I tell you the truth, I have not found anyone in Israel with such great faith.

8:11

내가 너희에게 말한다. 많은 사람이 와서,
I say to you that many will come

내가 너희에게 말한다. 많은 사람이 동과 서에서 와서,
I say to you that many will come **from the east and the west,**

162

내가 너희에게 말한다. 많은 사람이 동과 서에서 와서, 아브라함과 함께 잔치 자리에 앉을 것이다.

I say to you that many will come from the east and the west, **and will take their places at the feast with Abraham,**

내가 너희에게 말한다. 많은 사람이 동과 서에서 와서, 하늘나라에서 아브라함과 이삭과 야곱과 함께 잔치 자리에 앉을 것이다.

I say to you that many will come from the east and the west, and will take their places at the feast with Abraham, **Isaac and Jacob in the kingdom of heaven.**

I say to you that many will come from the east and the west, and will take their places at the feast with Abraham, Isaac and Jacob in the kingdom of heaven.

8:12

그러나 이 나라의 시민들은 바깥(으)로 쫓겨나서,

But the subjects of the kingdom will be thrown outside,

그러나 이 나라의 시민들은 바깥 어두운 데로 쫓겨나서,

But the subjects of the kingdom will be thrown outside, **into the darkness,**

그러나 이 나라의 시민들은 바깥 어두운 데로 쫓겨나서, 거기서 울며 이를 갈 것이다.˝

But the subjects of the kingdom will be thrown outside, into the darkness, **where there will be weeping and gnashing of teeth.˝**

But the subjects of the kingdom will be thrown outside, into the

darkness, where there will be weeping and gnashing of teeth."

8:13

그리고 예수께서 백부장에게 말씀하셨다.
Then Jesus said to the centurion,

그리고 예수께서 백부장에게 "가거라. 네가 믿은 대로 될 것이다" 하고 말씀하셨다.
Then Jesus said to the centurion, **"Go! It will be done just as you believed it would."**

그리고 예수께서 백부장에게 "가거라. 네가 믿은 대로 될 것이다." 하고 말씀하셨다. 그런데 바로 그 시각에 그 종이 나았다.
Then Jesus said to the centurion, "Go! It will be done just as you believed it would." **And his servant was healed at that very hour.**

Then Jesus said to the centurion, "Go! It will be done just as you believed it would." And his servant was healed at that very hour.

---

centurion n. 백부장 | paralyzed adj. 마비된 | feast n. 잔치 | gnash v. 이를 갈다

말씀 읊조리기 – 1단계
각 절의 시작하는 단어를 보면서 외운 말씀 전체를 소리 내어 읊조리십시오.

5   When Jesus had entered
6   "Lord," he said,
7   Jesus said to him,

8 　The centurion replied,

9 　For I myself am

10 　When Jesus heard this,

11 　I say to you that

12 　But the subjects of the kingdom

13 　Then Jesus said to the centurion,

말씀 읊조리기 – 2단계

우리말 본문을 눈으로 읽으면서 영어로 소리 내어 읊조리십시오.

5 예수께서 가버나움에 들어가시니, 한 백부장이 다가와서, 그에게 간청하여

6 말하였다. "주님, 내 종이 중풍으로 집에 누워서 몹시 괴로워하고 있습니다."

7 예수께서 그에게 말씀하셨다. "내가 가서 고쳐주마."

8 백부장이 대답하였다. "주님, 나는 주님을 내 집으로 모셔들일 만한 자격이 없습니다. 그저 한마디 말씀만 해주십시오. 그러면 내 종이 나을 것입니다.

9 나도 상관을 모시는 사람이고, 내 밑에도 병사들이 있어서, 내가 이 사람더러 가라고 하면 가고, 저 사람더러 오라고 하면 옵니다. 또 내 종더러 이것을 하라고 하면 합니다."

10 예수께서 이 말을 들으시고, 놀랍게 여기셔서, 따라오는 사람들에게 말씀하셨다. "내가 진정으로 너희에게 말한다. 나는 지금까지 이스라엘 사람 가운데서 아무에게서도 이런 믿음을 본 일이 없다.

11 내가 너희에게 말한다. 많은 사람이 동과 서에서 와서, 하늘나라에서 아브라함과 이삭과 야곱과 함께 잔치 자리에 앉을 것이다.

12 그러나 이 나라의 시민들은 바깥 어두운 데로 쫓겨나서, 거기서 울며 이를 갈 것이다."

13 그리고 예수께서 백부장에게 "가거라. 네가 믿은 대로 될 것이다." 하고 말씀하셨다. 바로 그 시각에 그 종이 나았다.

묵상하기 – 백부장의 믿음

외운 말씀을 되새기며 성령께서 말씀하시는 소리에 귀를 기울이십시오.

백부장의 믿음이 대단하다. 불치병에 가까운 중풍을 앓고 있는 하인의 병을 고치기 위하여 그는 예수님께 나아와 간청했다. 주님은 그의 아름답고 간절한 청원에 기꺼이 가서 고쳐주겠다고 화답하신다. 그런데 그 백부장은 예수님이 몸소 자신의 집까지 오셔서 고쳐주심을 감당치 못하겠다고 아뢴다. 그의 믿음엔 예수님은 멀리 있는 사람의 병도 고치실 것이라는 확신이 있었다. 주님께서도 칭찬하신 대단한 믿음이다. 주님 역시 그의 믿음에 감동을 받으셨다.
우리의 믿음을 결코 외면치 않으시는 주님은 오늘도 우리와 함께 계신다.

 ## 순종 노트

순종해야 할 일이 생각났으면 적고 행하십시오. 믿음과 순종은 하나여야 합니다.

나를 위하여 제 목숨을 잃는 사람은
(10:34-42)

말씀 읽기
전체 내용이 이해될 때까지 본문을 소리 내어 또박또박 읽으십시오.

34 "너희는 내가 세상에 평화를 주려고 온 줄로 생각하지 말아라. 평화가 아니라 칼을 주려고 왔다.

35 나는, 사람이 자기 아버지와 맞서게 하고, 딸이 자기 어머니와 맞서게 하고, 며느리가 자기 시어머니와 맞서게 하려고 왔다.

36 사람의 원수가 자기 집안 식구일 것이다.

37 나보다 아버지나 어머니를 더 사랑하는 사람은 내게 적합하지 않고, 나보다 아들이나 딸을 더 사랑하는 사람도 내게 적합하지 않다.

38 또 자기 십자가를 지고 나를 따르지 않는 사람도 내게 적합하지 않다.

39 자기 목숨을 얻으려는 사람은 목숨을 잃을 것이요, 나를 위하여 자기 목숨을 잃는 사람은 목숨을 얻을 것이다."

40 "너희를 맞아들이는 사람은 나를 맞아들이는 것이요, 나를 맞아들이는 사람은 나를 보내신 분을 맞아들이는 것이다.

41 예언자를 예언자로 맞아들이는 사람은, 예언자가 받을 상을 받을 것이요, 의인을 의인이라고 해서 맞아들이는 사람은, 의인이 받을 상을 받을 것이다.

42 내가 진정으로 너희에게 말한다. 이 작은 사람들 가운데 하나에게, 내 제자라고 해서 냉수 한 그릇이라도 주는 사람은, 절대로 자기가 받을 상을 잃지 않을 것이다."

마태복음
8장~18장

우리말로 먼저 읽고 영문으로 크게 소리 내어 읽으며 천천히 정확하게 외우십시오.

10:34

"너희는 내가 평화를 주려고 온 줄로 생각하지 말아라.

Do not suppose that I have come to bring peace

"너희는 내가 세상에 평화를 주려고 온 줄로 생각하지 말아라.

Do not suppose that I have come to bring peace **to the earth.**

"너희는 내가 세상에 평화를 주려고 온 줄로 생각하지 말아라. 평화가 아니라 칼을 주려고 왔다.

Do not suppose that I have come to bring peace to the earth. **I did not come to bring peace, but a sword.**

Do not suppose that I have come to bring peace to the earth. I did not come to bring peace, but a sword.

10:35

나는, 사람이 자기 아버지와 맞서게 하고,

For I have come to turn "'a man against his father,

나는, 사람이 자기 아버지와 맞서게 하고, 딸이 자기 어머니와 맞서게 하고,

For I have come to turn "'a man against his father, **a daughter against her mother,**

나는, 사람이 자기 아버지와 맞서게 하고, 딸이 자기 어머니와 맞서게 하고, 며느리가 자기 시어머니와 맞서게 하려고 왔다.

For I have come to turn "'a man against his father, a daughter against her mother, **a daughter-in-law against her mother-in-law—**

For I have come to turn "'a man against his father, a daughter against her mother, a daughter-in-law against her mother-in-law—

• **10:36**

사람의 원수가 자기 집안 식구일 것이다.
a man's enemies will be the members of his own household.'

a man's enemies will be the members of his own household.'

• **10:37**

나보다 아버지나 어머니를 더 사랑하는 사람은
"Anyone who loves his father or mother more than me

나보다 아버지나 어머니를 더 사랑하는 사람은 내게 적합하지 않고,
"Anyone who loves his father or mother more than me **is not worthy of me;**

나보다 아버지나 어머니를 더 사랑하는 사람은 내게 적합하지 않고, 나보다 아들이나 딸을 더 사랑하는 사람도 내게 적합하지 않다.
"Anyone who loves his father or mother more than me is not worthy of me; **anyone who loves their son or daughter more than me is not worthy of me;**

"Anyone who loves his father or mother more than me is not worthy of me; anyone who loves their son or daughter more than me is not worthy of me;

10:38

또 자기 십자가를 지고 나를 따르지 않는 사람도
and anyone who does not take his cross and follow me

또 자기 십자가를 지고 나를 따르지 않는 사람도 내게 적합하지 않다.
and anyone who does not take his cross and follow me **is not worthy of me.**

and anyone who does not take his cross and follow me is not worthy of me.

10:39

자기 목숨을 얻으려는 사람은 목숨을 잃을 것이요,
Whoever finds his life will lose it,

제 목숨을 얻으려는 사람은 목숨을 잃을 것이요, 나를 위하여 자기 목숨을 잃는 사람은 목숨을 얻을 것이다."
Whoever finds his life will lose it, **and whoever loses his life for my sake will find it.**

Whoever finds his life will lose it, and whoever loses his life for my sake will find it.

10:40

"너희를 맞아들이는 사람은 나를 맞아들이는 것이요,
"He who receives you receives me,

"너희를 맞아들이는 사람은 나를 맞아들이는 것이요, 나를 맞아들이는 사람은 나를 보내신 분을 맞아들이는 것이다.

"He who receives you receives me, **and he who receives me receives the one who sent me.**

"He who receives you receives me, and he who receives me receives the one who sent me.

---•** 10:41**

예언자를 예언자로 맞아들이는 사람은,

Anyone who receives a prophet because he is a prophet

예언자를 예언자로 맞아들이는 사람은, 예언자가 받을 상을 받을 것이요,

Anyone who receives a prophet because he is a prophet **will receive a prophet's reward,**

예언자를 예언자로 맞아들이는 사람은, 예언자가 받을 상을 받을 것이요, 의인을 의인이라고 해서 맞아들이는 사람은,

Anyone who receives a prophet because he is a prophet will receive a prophet's reward, **and anyone who receives a righteous man because he is a righteous man**

예언자를 예언자로 맞아들이는 사람은, 예언자가 받을 상을 받을 것이요, 의인을 의인이라고 해서 맞아들이는 사람은, 의인이 받을 상을 받을 것이다.

Anyone who receives a prophet because he is a prophet will receive a prophet's reward, and anyone who receives a righteous man because he is a righteous man **will receive a righteous man's reward.**

Anyone who receives a prophet because he is a prophet will receive a prophet's reward, and anyone who receives a righteous man because

he is a righteous man will receive a righteous man's reward.

10:42

냉수 한 그릇이라도 주는 사람은,
And if anyone gives even a cup of cold water

이 작은 사람들 가운데 하나에게, 내 제자라고 해서 냉수 한 그릇이라도 주는 사람은,
And if anyone gives even a cup of cold water **to one of these little ones because he is my disciple,"**

내가 진정으로 너희에게 말한다. 이 작은 사람들 가운데 하나에게, 내 제자라고 해서 냉수 한 그릇이라도 주는 사람은, 절대로 자기가 받을 상을 잃지 않을 것이다."
And if anyone gives even a cup of cold water to one of these little ones because he is my disciple, **I tell you the truth, he will certainly not lose his reward."**

And if anyone gives even a cup of cold water to one of these little ones because he is my disciple, I tell you the truth, he will certainly not lose his reward."

sake n. 동기, 목적

말씀 읊조리기 – 1단계
각 절의 시작하는 단어를 보면서 외운 말씀 전체를 소리 내어 읊조리십시오.

34 "Do not suppose that

35 For I have come to turn

36 a man's enemies

37 "Anyone who loves

38 and anyone who does not take

39 Whoever finds his

40 "He who receives you

41 Anyone who receives

42 And if anyone gives even a cup

말씀 읊조리기 – 2단계
우리말 본문을 눈으로 읽으면서 영어로 소리 내어 읊조리십시오.

34 "너희는 내가 세상에 평화를 주려고 온 줄로 생각하지 말아라. 평화가 아니라 칼을 주려고 왔다.

35 나는, 사람이 자기 아버지와 맞서게 하고, 딸이 자기 어머니와 맞서게 하고, 며느리가 자기 시어머니와 맞서게 하려고 왔다.

36 사람의 원수가 자기 집안 식구일 것이다.

37 나보다 아버지나 어머니를 더 사랑하는 사람은 내게 적합하지 않고, 나보다 아들이나 딸을 더 사랑하는 사람도 내게 적합하지 않다.

38 또 자기 십자가를 지고 나를 따르지 않는 사람도 내게 적합하지 않다.

39 자기 목숨을 얻으려는 사람은 목숨을 잃을 것이요, 나를 위하여 자기 목숨을 잃는 사람은 목숨을 얻을 것이다."

40 "너희를 맞아들이는 사람은 나를 맞아들이는 것이요, 나를 맞아들이는 사람은 나를 보내신 분을 맞아들이는 것이다.

41 예언자를 예언자로 맞아들이는 사람은, 예언자가 받을 상을 받을 것이요, 의인을 의인이라고 해서 맞아들이는 사람은, 의인이 받을 상을 받을 것이다.

42 내가 진정으로 너희에게 말한다. 이 작은 사람들 가운데 하나에게, 내 제자라고 해서 냉수 한 그릇이라도 주는 사람은, 절대로 자기가 받을 상을 잃지 않을

것이다."

묵상하기 – 하나님을 섬기는 가족
외운 말씀을 되새기며 성령께서 말씀하시는 소리에 귀를 기울이십시오.

가족은 하나님이 인류에게 주신 최고의 선물이다. 가족을 사랑하지 않는 사람은 하나님을 사랑할 수 없다. 하나님의 말씀을 따라 준행하며 하나님의 영광을 위하여 살아가는 가족은 이 세상에서 가장 아름다운 곳이 되며 가장 작지만 가장 강력한 교회가 된다. 하지만 그 가족을 주신 그분의 계획을 모르면 가족은 재앙이 된다. 하나님과 그의 나라보다 세속적인 가족의 가치를 더 소중히 여기면 그 가족은 이미 하나님의 계획을 떠난 가족이 된다. 주님의 말씀대로 가족이 원수가 된다.

사람마다 각자의 십자가를 주신 것은 그것을 지고 주님을 따르기 위해서다. 자신의 십자가를 내팽개친 사람은 주님의 제자로서 합당치 않다.

예언자를 예언자로 받아 그를 대접하며, 의인을 의인으로 존경하여 그를 섬기는 것, 소자를 소자로 불쌍히 여기고 불쌍히 여기는 것은 하나님이 말씀을 순종하는 일이므로 결코 상을 놓치지 않는다.

순종 노트
순종해야 할 일이 생각났으면 적고 행하십시오. 믿음과 순종은 하나여야 합니다.

174

하늘나라를 두고 하는 말씀을 듣고도 깨닫지 못하면(13:18-23)

말씀 읽기

전체 내용이 이해될 때까지 본문을 소리 내어 또박또박 읽으십시오.

18 "너희는 이제 씨를 뿌리는 사람의 비유가 무슨 뜻을 지녔는지를 들어라.

19 누구든지 하늘나라를 두고 하는 말씀을 듣고도 깨닫지 못하면, 악한 자가 와서, 그 마음에 뿌려진 것을 빼앗아간다. 길가에 뿌린 씨는 그런 사람을 두고 하는 말이다.

20 또 돌짝밭에 뿌린 씨는 이런 사람이다. 그는 말씀을 듣고, 곧 기쁘게 받아들이기는 하지만,

21 그 속에 뿌리가 없어서 오래가지 못하고, 말씀 때문에 환난이나 박해가 일어나면, 곧 걸려 넘어진다.

22 또 가시덤불 속에 뿌린 씨는 이런 사람이다. 그는 말씀을 듣기는 하지만, 세상의 염려와 재물의 유혹이 말씀을 막아, 열매를 맺지 못한다.

23 그런데 좋은 땅에 뿌린 씨는 말씀을 듣고서 깨닫는 사람을 두고 하는 말인데, 이 사람이야말로 열매를 맺되, 백 배 혹은 육십 배 혹은 삼십 배의 결실을 낸다."

말씀 외우기

우리말로 먼저 읽고 영문으로 크게 소리 내어 읽으며 천천히 정확하게 외우십시오.

"너희는 이제 씨를 뿌리는 사람의 비유가 무슨 뜻을 지녔는지를 들어라.
"Listen then to what the parable of the sower means:

"Listen then to what the parable of the sower means:

→ **13:19**

누구든지 하늘나라를 두고 하는 말씀을 듣고도
When anyone hears the message about the kingdom

누구든지 하늘나라를 두고 하는 말씀을 듣고도 깨닫지 못하면,
When anyone hears the message about the kingdom **and does not understand it,**

누구든지 하늘나라를 두고 하는 말씀을 듣고도 깨닫지 못하면, 악한 자가 와서, 그 마음에 뿌려진 것을 빼앗아간다.
When anyone hears the message about the kingdom and does not understand it, **the evil one comes and snatches away what was sown in his heart.**

누구든지 하늘나라를 두고 하는 말씀을 듣고도 깨닫지 못하면, 악한 자가 와서, 그 마음에 뿌려진 것을 빼앗아간다. 길가에 뿌린 씨는 그런 사람을 두고 하는 말이다.
When anyone hears the message about the kingdom and does not understand it, the evil one comes and snatches away what was sown in his heart. **This is the seed sown along the path.**

When anyone hears the message about the kingdom and does not understand it, the evil one comes and snatches away what was sown in his heart. This is the seed sown along the path.

176

또 돌짝밭에 뿌린 씨는 이런 사람이다.

The one who received the seed that fell on rocky places is the man

또 돌짝밭에 뿌린 씨는 이런 사람이다. 그는 말씀을 듣고, 곧 기쁘게 받아들이기는 하지만,

The one who received the seed that fell on rocky places is the man **who hears the word and at once receives it with joy.**

The one who received the seed that fell on rocky places is the man who hears the word and at once receives it with joy.

그 속에 뿌리가 없어서 오래가지 못하고,

But since he has no root, he lasts only a short time.

그 속에 뿌리가 없어서 오래가지 못하고, 말씀 때문에 환난이나 박해가 일어나면,

But since he has no root, he lasts only a short time. **When trouble or persecution comes because of the word,**

그 속에 뿌리가 없어서 오래가지 못하고, 말씀 때문에 환난이나 박해가 일어나면, 곧 걸려 넘어진다.

But since he has no root, he lasts only a short time. When trouble or persecution comes because of the word, **he quickly falls away.**

But since he has no root, he lasts only a short time. When trouble or persecution comes because of the word, he quickly falls away.

또 가시덤불 속에 뿌린 씨는 이런 사람이다.

The one who received the seed that fell among the thorns is the man

또 가시덤불 속에 뿌린 씨는 이런 사람이다. 그는 말씀을 듣기는 하지만, 세상
의 염려와 재물의 유혹이 말씀을 막아,

The one who received the seed that fell among the thorns is the man
**who hears the word, but the worries of this life and the deceitfulness
of wealth choke it,**

또 가시덤불 속에 뿌린 씨는 이런 사람이다. 그는 말씀을 듣기는 하지만, 세상
의 염려와 재물의 유혹이 말씀을 막아, 열매를 맺지 못한다.

The one who received the seed that fell among the thorns is the man
who hears the word, but the worries of this life and the deceitfulness
of wealth choke it, **making it unfruitful.**

**The one who received the seed that fell among the thorns is the man
who hears the word, but the worries of this life and the deceitfulness
of wealth choke it, making it unfruitful.**

그런데 좋은 땅에 뿌린 씨는

But the one who received the seed that fell on good soil

그런데 좋은 땅에 뿌린 씨는 말씀을 듣고서 깨닫는 사람을 두고 하는 말인데,
But the one who received the seed that fell on good soil **is the man
who hears the word and understands it.**

그런데 좋은 땅에 뿌린 씨는 말씀을 듣고서 깨닫는 사람을 두고 하는 말인데,

178

이 사람이야말로 열매를 맺되,

But the one who received the seed that fell on good soil is the man who hears the word and understands it. **He produces a crop,**

그런데 좋은 땅에 뿌린 씨는 말씀을 듣고서 깨닫는 사람을 두고 하는 말인데, 이 사람이야말로 열매를 맺되, 백 배 혹은 육십 배 혹은 삼십 배의 결실을 낸다."

But the one who received the seed that fell on good soil is the man who hears the word and understands it. He produces a crop, **yielding a hundred, sixty or thirty times what was sown."**

But the one who received the seed that fell on good soil is the man who hears the word and understands it. He produces a crop, yielding a hundred, sixty or thirty times what was sown."

---

persecution n. (종교적) 박해 | parable n. 우화 | sower n. 씨 뿌리는 사람 |
refer to v. ~에 적용되다 | deceitfulness n. 속임 | choke v. 숨이 막히다 |
crop n. 농작물, 수확량 | yield v. (수익, 농작물 등을) 내다

말씀 읊조리기 – 1단계
각 절의 시작하는 단어를 보면서 외운 말씀 전체를 소리 내어 읊조리십시오.

18 "Listen then to what
19 When anyone hears the message
20 The one who received the seed
21 But since they have no root,
22 The one who received the seed
23 But the one who received the seed

18 "너희는 이제 씨를 뿌리는 사람의 비유가 무슨 뜻을 지녔는지를 들어라.

19 누구든지 하늘나라를 두고 하는 말씀을 듣고도 깨닫지 못하면, 악한 자가 와서, 그 마음에 뿌려진 것을 빼앗아간다. 길가에 뿌린 씨는 그런 사람을 두고 하는 말이다.

20 또 돌짝밭에 뿌린 씨는 이런 사람이다. 그는 말씀을 듣고, 곧 기쁘게 받아들이기는 하지만,

21 그 속에 뿌리가 없어서 오래가지 못하고, 말씀 때문에 환난이나 박해가 일어나면, 곧 걸려 넘어진다.

22 또 가시덤불 속에 뿌린 씨는 이런 사람이다. 그는 말씀을 듣기는 하지만, 세상의 염려와 재물의 유혹이 말씀을 막아, 열매를 맺지 못한다.

23 그런데 좋은 땅에 뿌린 씨는 말씀을 듣고서 깨닫는 사람을 두고 하는 말인데, 이 사람이야말로 열매를 맺되, 백 배 혹은 육십 배 혹은 삼십 배의 결실을 낸다."

묵상하기 – 말씀만 붙드는 삶
외운 말씀을 되새기며 성령께서 말씀하시는 소리에 귀를 기울이십시오.

땅에 뿌려진 씨앗은 하나님의 말씀이다. 말씀은 생명이고 그래서 분명 하나님의 말씀은 열매를 맺는다. 하지만 그 말씀이 추수할 때가 이르기까지는 공격을 받는다. 그러므로 우리는 마음 밭에 뿌려진 씨앗이 자라기까지 말씀만을 붙들고 가야 한다. 그 말씀만이 절대적인 진리이기 때문이다. "말씀을 듣고 깨닫는 사람"은 열매를 맺는다.

이 사실을 아는 사탄은 우리가 말씀을 듣고 깨닫기 전에 앗아간다. 사탄에게 마음을 빼앗긴 사람은 하나님의 말씀을 듣지도 않고 들어도 깨닫지 못한다. 이미 그 마음에는 밭이 없고 딱딱한 세상의 길가만 있다. 하나님의 말씀을 듣고 기쁘게 받아들였더라도 어려움을 당하거나 욕을 듣게 되면 곧 넘어진다. 그들은 말

씀보다 세상을 의지하는 사람이다. 누가 우리의 주인인지를 알아야 한다. 세상의 염려와 재물에 대한 유혹도 하나님의 말씀만을 붙들지 못하도록 하는 요인이다. 믿음만이 염려를 이기고 말씀만이 유혹을 이긴다. 말씀은 하나님이다. 그러기에 하나님의 말씀만을 붙들고 말씀만을 따라가는 사람들을 사탄은 두려워한다.

순종 노트
순종해야 할 일이 생각났으면 적고 행하십시오. 믿음과 순종은 하나여야 합니다.

겨자씨는 어떤 씨보다 더 작은 것이지만
(13:31-33)

말씀 읽기

전체 내용이 이해될 때까지 본문을 소리 내어 또박또박 읽으십시오.

31 예수께서 또 다른 비유를 들어서, 그들에게 말씀하셨다. "하늘나라는 겨자씨와 같다. 어떤 사람이 그것을 가져다가, 자기 밭에 심었다.

32 겨자씨는 어떤 씨보다 더 작은 것이지만, 자라면 어떤 풀보다 더 커져서 나무가 된다. 그리하여 공중의 새들이 와서, 그 가지에 깃들인다."

33 예수께서 또 다른 비유를 그들에게 말씀하셨다. "하늘나라는 누룩과 같다. 어떤 여자가 그것을 가져다가, 가루 서 말 속에 살짝 섞어 넣으니, 마침내 온통 부풀어 올랐다."

말씀 외우기

우리말로 먼저 읽고 영문으로 크게 소리 내어 읽으며 천천히 정확하게 외우십시오.

13:31

예수께서 또 다른 비유를 들어서, 그들에게 말씀하셨다.

He told them another parable:

예수께서 또 다른 비유를 들어서, 그들에게 말씀하셨다. "하늘나라는 겨자씨와 같다.

He told them another parable: **"The kingdom of heaven is like a mustard seed,**

예수께서 또 다른 비유를 들어서, 그들에게 말씀하셨다. "하늘나라는 겨자씨와 같다. 어떤 사람이 그것을 가져다가, 자기 밭에 심었다.
He told them another parable: "The kingdom of heaven is like a mustard seed, **which a man took and planted in his field.**

He told them another parable: "The kingdom of heaven is like a mustard seed, which a man took and planted in his field.

• **13:32**

겨자씨는 어떤 씨보다 더 작은 것이지만,
Though it is the smallest of all your seeds,

겨자씨는 어떤 씨보다 더 작은 것이지만, 자라면 어떤 풀보다 더 커져서 나무가 된다.
Though it is the smallest of all your seeds, **yet when it grows, it is the largest of garden plants and becomes a tree,**

겨자씨는 어떤 씨보다 더 작은 것이지만, 자라면 어떤 풀보다 더 커져서 나무가 된다. 그리하여 공중의 새들이 와서, 그 가지에 깃들인다."
Though it is the smallest of all your seeds, yet when it grows, it is the largest of garden plants and becomes a tree, **so that the birds of the air come and perch in its branches."**

Though it is the smallest of all your seeds, yet when it grows, it is the largest of garden plants and becomes a tree, so that the birds of the air come and perch in its branches."

예수께서 또 다른 비유를 그들에게 말씀하셨다.

He told them still another parable:

예수께서 또 다른 비유를 그들에게 말씀하셨다. "하늘나라는 누룩과 같다.

He told them still another parable: **"The kingdom of heaven is like yeast**

예수께서 또 다른 비유를 그들에게 말씀하셨다. "하늘나라는 누룩과 같다. 어떤 여자가 그것을 가져다가, 가루 서 말 속에 살짝 섞어 넣으니,

He told them still another parable: "The kingdom of heaven is like yeast **that a woman took and mixed into a large amount of flour**

예수께서 또 다른 비유를 그들에게 말씀하셨다. "하늘나라는 누룩과 같다. 어떤 여자가 그것을 가져다가, 가루 서 말 속에 살짝 섞어 넣으니, 마침내 온통 부풀 어 올랐다."

He told them still another parable: "The kingdom of heaven is like yeast that a woman took and mixed into a large amount of flour **until it worked all through the dough."**

He told them still another parable: "The kingdom of heaven is like yeast that a woman took and mixed into a large amount of flour until it worked all through the dough."

말씀 읊조리기 – 1단계
각 절의 시작하는 단어를 보면서 외운 말씀 전체를 소리 내어 읊조리십시오.

31 He told them another parable:

32 Though it is the smallest of all seeds,

33 He told them still another parable:

말씀 읊조리기 – 2단계
우리말 본문을 눈으로 읽으면서 영어로 소리 내어 읊조리십시오.

31 예수께서 또 다른 비유를 들어서, 그들에게 말씀하셨다. "하늘나라는 겨자씨와 같다. 어떤 사람이 그것을 가져다가, 자기 밭에 심었다.
32 겨자씨는 어떤 씨보다 더 작은 것이지만, 자라면 어떤 풀보다 더 커져서 나무가 된다. 그리하여 공중의 새들이 와서, 그 가지에 깃든다."
33 예수께서 또 다른 비유를 그들에게 말씀하셨다. "하늘나라는 누룩과 같다. 어떤 여자가 그것을 가져다가, 가루 서 말 속에 살짝 섞어 넣으니, 마침내 온통 부풀어 올랐다."

묵상하기 – 겨자씨만한 믿음
외운 말씀을 되새기며 성령께서 말씀하시는 소리에 귀를 기울이십시오.

천국의 속성은 확장에 있다. 처음엔 겨자씨처럼 아무도 모를 작은 것이지만 시간이 지나고 해가 바뀌면 그것은 누가 보아도 알게 되는 큰 나무가 된다. 그 속에는 놀라운 생명이 있다. 그 생명은 어떤 것도 죽일 수 없고 성장을 막을 수 없다. 초대 교회가 그랬다.
우리 속에 겨자씨만한 믿음이 있다면 우리도 자라야 한다. 말씀을 따라가는 삶엔 성장이 있다. 믿음이 있다면 순종이 따른다.

순종 노트

순종해야 할 일이 생각났으면 적고 행하십시오. 믿음과 순종은 하나여야 합니다.

가진 것을 다 팔아서 그 밭을 산다
(13:44-46)

말씀 읽기

전체 내용이 이해될 때까지 본문을 소리 내어 또박또박 읽으십시오.

44 "하늘나라는, 밭에 숨겨놓은 보물과 같다. 어떤 사람이 그것을 발견하면, 제자리에 숨겨두고, 기뻐하며 집에 돌아가서는, 가진 것을 다 팔아서 그 밭을 산다."

45 "또 하늘나라는, 좋은 진주를 구하는 상인과 같다.

46 그가 값진 진주 하나를 발견하면, 가서, 가진 것을 다 팔아서 그것을 산다."

말씀 외우기

우리말로 먼저 읽고 영문으로 크게 소리 내어 읽으며 천천히 정확하게 외우십시오.

• 13:44

"하늘나라는, 밭에 숨겨놓은 보물과 같다.

"The kingdom of heaven is like treasure hidden in a field.

"하늘나라는, 밭에 숨겨놓은 보물과 같다. 어떤 사람이 그것을 발견하면, 제자리에 숨겨두고,

"The kingdom of heaven is like treasure hidden in a field. **When a man found it, he hid it again,**

"하늘나라는, 밭에 숨겨놓은 보물과 같다. 어떤 사람이 그것을 발견하면, 제자리에 숨겨두고, 기뻐하며 집에 돌아가서는, 가진 것을 다 팔아서

"The kingdom of heaven is like treasure hidden in a field. When a man found it, he hid it again, **and then in his joy went and sold all he had**

"하늘나라는, 밭에 숨겨놓은 보물과 같다. 어떤 사람이 그것을 발견하면, 제자리에 숨겨두고, 기뻐하며 집에 돌아가서는, 가진 것을 다 팔아서 그 밭을 산다."

"The kingdom of heaven is like treasure hidden in a field. When a man found it, he hid it again, and then in his joy went and sold all he had **and bought that field.**

"The kingdom of heaven is like treasure hidden in a field. When a man found it, he hid it again, and then in his joy went and sold all he had and bought that field.

• **13:45**

"또 하늘나라는,

"Again, the kingdom of heaven

"또 하늘나라는, 좋은 진주를 구하는 상인과 같다.

"Again, the kingdom of heaven **is like a merchant looking for fine pearls.**

"Again, the kingdom of heaven is like a merchant looking for fine pearls.

• **13:46**

188

그가 값진 진주 하나를 발견하면,

When he found one of great value,

그가 값진 진주 하나를 발견하면, 가서, 가진 것을 다 팔아서 그것을 산다."

When he found one of great value, **he went away and sold everything he had and bought it.**

When he found one of great value, he went away and sold everything he had and bought it.

말씀 읊조리기 – 1단계
각 절의 시작하는 단어를 보면서 외운 말씀 전체를 소리 내어 읊조리십시오.

44 "The kingdom of heaven is like treasure hidden
45 "Again, the kingdom of heaven is
46 When he found one of great value,

말씀 읊조리기 – 2단계
우리말 본문을 눈으로 읽으면서 영어로 소리 내어 읊조리십시오.

44 "하늘나라는, 밭에 숨겨놓은 보물과 같다. 어떤 사람이 그것을 발견하면, 제자리에 숨겨두고, 기뻐하며 집에 돌아가서는, 가진 것을 다 팔아서 그 밭을 산다."
45 "또 하늘나라는, 좋은 진주를 구하는 상인과 같다.
46 그가 값진 진주 하나를 발견하면, 가서, 가진 것을 다 팔아서 그것을 산다."

묵상하기 – 값으로 살 수 없는 은혜

외운 말씀을 되새기며 성령께서 말씀하시는 소리에 귀를 기울이십시오.

천국을 발견한 사람은 땅속에서 보물을 발견한 사람처럼 기쁨이 있다. 보물보다 더한 천국을 발견한 사람이 어찌 기쁘지 않겠는가. 그래서 우리 신앙의 선배인 사도 바울은 "항상 기뻐하라"고 했다(빌 4:4).

그리고 천국을 발견한 사람은 가진 것을 다 팔아 그것을 산다. 가진 것을 다 팔아 보물을 산 사람은 그가 가진 것보다 보물이 더없이 가치 있다는 사실을 알고 있다. 가진 것을 다 팔아 천국을 사지 않는 사람은 천국을 아직 모르거나 발견하지 않은 사람이다. 가진 것을 다 팔아 밭을 산 사람이 지불한 것은 오로지 밭값이었다. 밭을 샀지만 그 안에 있는 보물은 그의 것이다. 이것이 은혜이다. 값으로 살 수 없는 은혜가 우리에게 주어졌다. 오로지 아는 사람만이 가질 수 있다.

순종 노트

순종해야 할 일이 생각났으면 적고 행하십시오. 믿음과 순종은 하나여야 합니다.

악한 자를 가려낸다
(13:47-52)

말씀 읽기

전체 내용이 이해될 때까지 본문을 소리 내어 또박또박 읽으십시오.

47 "또 하늘나라는, 바다에 그물을 던져서 온갖 고기를 잡아 올리는 것과 같다.

48 그물이 가득 차면, 해변에 끌어 올려놓고 앉아서, 좋은 것들은 그릇에 담고, 나쁜 것들은 내버린다.

49 세상 끝 날에도 이렇게 할 것이다. 천사들이 와서, 의인들 사이에서 악한 자들을 가려내서,

50 그들을 불 아궁이에 쳐 넣을 것이니, 그들은 거기서 울며 이를 갈 것이다."

51 예수께서 제자들에게 "너희가 이것들을 모두 깨달았느냐?" 하고 물으시니, 그들이 "예" 하고 대답하였다.

52 예수께서 그들에게 말씀하셨다. "그러므로, 하늘나라를 위하여 훈련을 받은 율법학자는 누구나, 자기 곳간에서 새것과 낡은 것을 꺼내는 집주인과 같다."

말씀 외우기

우리말로 먼저 읽고 영문으로 크게 소리 내어 읽으며 천천히 정확하게 외우십시오.

13:47

"또 하늘나라는, 그물(을) 같다

"Once again, the kingdom of heaven is like a net

"또 하늘나라는, 바다에 그물을 던져서 온갖 고기를 잡아 올리는 것과 같다.
"Once again, the kingdom of heaven is like a net **that was let down into the lake and caught all kinds of fish.**

"Once again, the kingdom of heaven is like a net that was let down into the lake and caught all kinds of fish.

13:48

그물이 가득 차면, 해변에 끌어 올려놓고
When it was full, the fishermen pulled it up on the shore.

그물이 가득 차면, 해변에 끌어 올려놓고 앉아서, 좋은 것들은 그릇에 담고,
When it was full, the fishermen pulled it up on the shore. **Then they sat down and collected the good fish in baskets,**

그물이 가득 차면, 해변에 끌어 올려놓고 앉아서, 좋은 것들은 그릇에 담고, 나쁜 것들은 내버린다.
When it was full, the fishermen pulled it up on the shore. Then they sat down and collected the good fish in baskets, **but threw the bad away.**

When it was full, the fishermen pulled it up on the shore. Then they sat down and collected the good fish in baskets, but threw the bad away.

13:49

세상 끝 날에도 이렇게 할 것이다.
This is how it will be at the end of the age.

세상 끝 날에도 이렇게 할 것이다. 천사들이 와서, 의인들 사이에서 악한 자들을 가려내서,

This is how it will be at the end of the age. **The angels will come and separate the wicked from the righteous**

This is how it will be at the end of the age. The angels will come and separate the wicked from the righteous

This is how it will be at the end of the age. The angels will come and separate the wicked from the righteous

13:50

그들을 불 아궁이에 쳐 넣을 것이니,

and throw them into the fiery furnace,

그들을 불 아궁이에 쳐 넣을 것이니, 그들은 거기서 울며 이를 갈 것이다.”
and throw them into the fiery furnace, **where there will be weeping and gnashing of teeth.**

and throw them into the fiery furnace, where there will be weeping and gnashing of teeth.

13:51

예수께서 제자들에게 “너희가 이것들을 모두 깨달았느냐? 하고 물으시니,

Have you understood all these things?” Jesus asked.

예수께서 제자들에게 “너희가 이것들을 모두 깨달았느냐? 하고 물으시니, 그들이 “예” 하고 대답하였다.

Have you understood all these things?” Jesus asked. **“Yes,” they replied.**

Have you understood all these things?" Jesus asked. "Yes," they replied.

13:52

예수께서 그들에게 말씀하셨다. "그러므로, 율법학자는 누구나,
He said to them, "Therefore every teacher of the law

예수께서 그들에게 말씀하셨다. "그러므로, 하늘나라를 위하여 훈련을 받은 율법학자는 누구나,
He said to them, "Therefore every teacher of the law **who has become a disciple in the kingdom of heaven**

예수께서 그들에게 말씀하셨다. "그러므로, 하늘나라를 위하여 훈련을 받은 율법학자는 누구나, 자기 곳간에서 꺼내는 집주인과 같다.
He said to them, "Therefore every teacher of the law who has been instructed about the kingdom of heaven **is like the owner of a house who brings out of his storeroom**

예수께서 그들에게 말씀하셨다. "그러므로, 하늘나라를 위하여 훈련을 받은 율법학자는 누구나, 새것과 낡은 것을 자기 곳간에서 꺼내는 집주인과 같다.
He said to them, "Therefore every teacher of the law who has been instructed about the kingdom of heaven is like the owner of a house who brings out of his storeroom **new treasures as well as old."**

He said to them, "Therefore every teacher of the law who has been instructed about the kingdom of heaven is like the owner of a house who brings out of his storeroom new treasures as well as old."

말씀 읊조리기 – 1단계
각 절의 시작하는 단어를 보면서 외운 말씀 전체를 소리 내어 읊조리십시오.

47 "Once again, the kingdom of heaven is

48 When it was full,

49 This is how it will be

50 and throw them into the fiery furnace,

51 "Have you understood

52 He said to them, "Therefore every teacher

말씀 읊조리기 – 2단계
우리말 본문을 눈으로 읽으면서 영어로 소리 내어 읊조리십시오.

47 "또 하늘나라는, 바다에 그물을 던져서 온갖 고기를 잡아 올리는 것과 같다.

48 그물이 가득 차면, 해변에 끌어 올려놓고 앉아서, 좋은 것들은 그릇에 담고, 나쁜 것들은 내버린다.

49 세상 끝 날에도 이렇게 할 것이다. 천사들이 와서, 의인들 사이에서 악한 자들을 가려내서,

50 그들을 불 아궁이에 쳐 넣을 것이니, 그들은 거기서 울며 이를 갈 것이다."

51 예수께서 제자들에게 "너희가 이것들을 모두 깨달았느냐?" 하고 물으시니, 그들이 "예" 하고 대답하였다.

52 예수께서 그들에게 말씀하셨다. "그러므로, 하늘나라를 위하여 훈련을 받은 율법학자는 누구나, 자기 곳간에서 새것과 낡은 것을 꺼내는 집주인과 같다."

묵상하기 – 의인과 악인을 구별하는 기준
외운 말씀을 되새기며 성령께서 말씀하시는 소리에 귀를 기울이십시오.

천국은 아무나 가는 곳이 아니다. 그물은 교회와 같다. 주인은 그물 속에 있는 온갖 고기를 다 집으로 가져가지 않는다. 그 중의 나쁜 것들은 내버린다. 마지막 때에도 주님은 천사를 시켜 의인들 가운데서 악인을 골라내실 것이다. 그리고 그 악인들이 던져질 곳은 영원히 꺼지지 않는 불이다. 의인과 악인을 구별하는 기준은 '하나님의 말씀대로 순종하는 삶을 살았는가?'이다. 얼마나 많은 말씀을 알았는지가 아니라 그 말씀대로 살았는지가 그것이다.

순종 노트
순종해야 할 일이 생각났으면 적고 행하십시오. 믿음과 순종은 하나여야 합니다.

주님은 하나님의 아들 그리스도십니다
(16:13-20)

말씀 읽기
전체 내용이 이해될 때까지 본문을 소리 내어 또박또박 읽으십시오.

13 예수께서 빌립보의 가이사랴 지방에 이르러서, 제자들에게 물으셨다. "사람들이 인자를 누구라고 하느냐?"

14 제자들이 대답하였다. "세례자 요한이라고 하는 사람들도 있고, 엘리야라고 하는 사람들도 있고, 예레미야나 예언자들 가운데에 한 분이라고 하는 사람들도 있습니다."

15 예수께서 그들에게 말씀하셨다. "그러면 너희는 나를 누구라고 하느냐?"

16 시몬 베드로가 대답하였다. "선생님은 살아 계신 하나님의 아들 그리스도십니다."

17 예수께서 그에게 말씀하셨다. "시몬 바요나야, 너는 복이 있다. 너에게 이것을 알려주신 분은, 사람이 아니라, 하늘에 계신 나의 아버지시다.

18 나도 너에게 말한다. 너는 베드로다. 나는 이 반석 위에다가 내 교회를 세우겠다. 죽음의 문들이 그것을 이기지 못할 것이다.

19 내가 너에게 하늘나라의 열쇠를 주겠다. 네가 무엇이든지 땅에서 매면 하늘에서도 매일 것이요, 땅에서 풀면 하늘에서도 풀릴 것이다."

20 그때에 예수께서 제자들에게 엄명하시기를, 자기가 그리스도라는 것을 아무에게도 말하지 말라고 하셨다.

마태복음
8장~18장

197

말씀 외우기

우리말로 먼저 읽고 영문으로 크게 소리 내어 읽으며 천천히 정확하게 외우십시오.

• 16:13

예수께서 빌립보의 가이사랴 지방에 이르러서,

When Jesus came to the region of Caesarea Philippi,

예수께서 빌립보의 가이사랴 지방에 이르러서, 제자들에게 물으셨다. "사람들이 인자를 누구라고 하느냐?"

When Jesus came to the region of Caesarea Philippi, **he asked his disciples, "Who do people say the Son of Man is?"**

When Jesus came to the region of Caesarea Philippi, he asked his disciples, "Who do people say the Son of Man is?"

• 16:14

제자들이 대답하였다. "세례자 요한이라고 하는 사람들도 있고, 엘리야라고 하는 사람들도 있고,

They replied, "Some say John the Baptist; others say Elijah;

제자들이 대답하였다. "세례자 요한이라고 하는 사람들도 있고, 엘리야라고 하는 사람들도 있고, 예레미야나 예언자들 가운데에 한 분이라고 하는 사람들도 있습니다."

They replied, "Some say John the Baptist; others say Elijah; **and still others, Jeremiah or one of the prophets."**

They replied, "Some say John the Baptist; others say Elijah; and still others, Jeremiah or one of the prophets."

• 16:15

예수께서 그들에게 말씀하셨다. "그러면 너희는 나를 누구라고 하느냐?"
"But what about you?" he asked. "Who do you say I am?"

"But what about you?" he asked. "Who do you say I am?"

• 16:16

시몬 베드로가 대답하였다. "선생님은 그리스도십니다."
Simon Peter answered, "You are the Christ,

시몬 베드로가 대답하였다. "선생님은 살아 계신 하나님의 아들 그리스도십니다."
Simon Peter answered, "You are the Christ, the Son of the living God."

Simon Peter answered, "You are the Christ, the Son of the living God."

• 16:17

예수께서 그에게 말씀하셨다. "너는 복이 있다.
Jesus replied, "Blessed are you,

예수께서 그에게 말씀하셨다. "시몬 바요나야, 너는 복이 있다.
Jesus replied, "Blessed are you, Simon son of Jonah,

예수께서 그에게 말씀하셨다. "시몬 바요나야, 너는 복이 있다. 너에게 이것을 알려주신 분은, 사람이 아니라,
Jesus replied, "Blessed are you, Simon son of Jonah, for this was not revealed to you by man,

예수께서 그에게 말씀하셨다. "시몬 바요나야, 너는 복이 있다. 너에게 이것을 알려주신 분은, 사람이 아니라, 하늘에 계신 나의 아버지시다.
Jesus replied, "Blessed are you, Simon son of Jonah, for this was not revealed to you by man, **but by my Father in heaven.**

Jesus replied, "Blessed are you, Simon son of Jonah, for this was not revealed to you by man, but by my Father in heaven.

---•• **16:18**

나도 너에게 말한다. 너는 베드로다.
And I tell you that you are Peter,

나도 너에게 말한다. 너는 베드로다. 나는 이 반석 위에다가 내 교회를 세우겠다.
And I tell you that you are Peter, **and on this rock I will build my church,**

나도 너에게 말한다. 너는 베드로다. 나는 이 반석 위에다가 내 교회를 세우겠다. 죽음의 문들이 그것을 이기지 못할 것이다.
And I tell you that you are Peter, and on this rock I will build my church, **and the gates of Hades will not overcome it.**

And I tell you that you are Peter, and on this rock I will build my church, and the gates of Hades will not overcome it.

---•• **16:19**

내가 너에게 하늘나라의 열쇠를 주겠다.
I will give you the keys of the kingdom of heaven;

내가 너에게 하늘나라의 열쇠를 주겠다. 네가 무엇이든지 땅에서 매면 하늘에

서도 매일 것이요,

I will give you the keys of the kingdom of heaven; **whatever you bind on earth will be bound in heaven,**

내가 너에게 하늘나라의 열쇠를 주겠다. 네가 무엇이든지 땅에서 매면 하늘에서도 매일 것이요, 땅에서 풀면 하늘에서도 풀릴 것이다."

I will give you the keys of the kingdom of heaven; whatever you bind on earth will be bound in heaven, **and whatever you loose on earth will be loosed in heaven."**

I will give you the keys of the kingdom of heaven; whatever you bind on earth will be bound in heaven, and whatever you loose on earth will be loosed in heaven."

• 16 : 20

그때에 예수께서 제자들에게 엄명하시기를,

Then he warned his disciples

그때에 예수께서 제자들에게 엄명하시기를, 자기가 그리스도라는 것을 아무에게도 말하지 말라고 하셨다.

Then he warned his disciples **not to tell anyone that he was the Christ.**

Then he warned his disciples not to tell anyone that he was the Christ.

Hades n. 하데스, 구천

말씀 읊조리기 – 1단계
각 절의 시작하는 단어를 보면서 외운 말씀 전체를 소리 내어 읊조리십시오.

13 When Jesus came to
14 They replied,
15 "But what about you?"
16 Simon Peter answered,
17 Jesus replied, "Blessed are you,
18 And I tell you that
19 I will give you the keys
20 Then he warned his disciples

말씀 읊조리기 – 2단계
우리말 본문을 눈으로 읽으면서 영어로 소리 내어 읊조리십시오.

13 예수께서 빌립보의 가이사랴 지방에 이르러서, 제자들에게 물으셨다. "사람들이 인자를 누구라고 하느냐?"

14 제자들이 대답하였다. "세례자 요한이라고 하는 사람들도 있고, 엘리야라고 하는 사람들도 있고, 예레미야나 예언자들 가운데에 한 분이라고 하는 사람들도 있습니다."

15 예수께서 그들에게 물으셨다. "그러면 너희는 나를 누구라고 하느냐?"

16 시몬 베드로가 대답하였다. "선생님은 살아 계신 하나님의 아들 그리스도십니다."

17 예수께서 그에게 말씀하셨다. "시몬 바요나야, 너는 복이 있다. 너에게 이것을 알려 주신 분은, 사람이 아니라, 하늘에 계신 나의 아버지시다.

18 나도 너에게 말한다. 너는 베드로다. 나는 이 반석 위에다가 내 교회를 세우겠다. 죽음의 문들이 그것을 이기지 못할 것이다.

19 내가 너에게 하늘나라의 열쇠를 주겠다. 네가 무엇이든지 땅에서 매면 하늘에서도 매일 것이요, 땅에서 풀면 하늘에서도 풀릴 것이다."

202

²⁰ 그때에 예수께서 제자들에게 엄명하시기를, 자기가 그리스도라는 것을 아무에게도 말하지 말라고 하셨다.

묵상하기 – 예수님은 누구신가?
외운 말씀을 되새기며 성령께서 말씀하시는 소리에 귀를 기울이십시오.

예수님은 사람으로 이 땅에 태어나셨지만 사람이 아니시다. 인간의 죄를 지기 위해 사람의 몸으로 오신 것뿐이다. "예수님은 누구신가?"라는 물음에 어떠한 대답을 하는지가 그 사람을 말해준다. 그분이 "살아 계신 하나님의 아들"이라는 사실을 진정으로 아는 사람이야말로 하나님의 백성이 된다. 그 고백은 스스로가 하는 것이 아니라 하늘의 아버지가 알게 해주셔서 믿게 되는 것이다. 당신이 이 사실을 알고 믿는다는 것은 하나님의 크신 은혜를 입은 것이다. 이제 당신이 할 일은 몸과 마음을 다해 그분을 섬기는 일이다. 그분의 말씀을 붙잡고 끝까지 달려가는 것이다. 푯대를 향하여 말이다.

순종 노트
순종해야 할 일이 생각났으면 적고 행하십시오. 믿음과 순종은 하나여야 합니다.

각 사람이 행한 대로 갚으리라
(16:21-28)

말씀 읽기

전체 내용이 이해될 때까지 본문을 소리 내어 또박또박 읽으십시오.

21 그때부터 예수께서는, 자기가 반드시 예루살렘에 올라가야 하며, 장로들과 대제사장들과 율법학자들에게 많은 고난을 받고 죽임을 당해야 하며, 사흘째 되는 날에 살아나야 한다는 것을, 제자들에게 밝히기 시작하셨다.

22 이에 베드로가 예수를 따로 붙들고 "주님, 안 됩니다. 절대로 이런 일이 주님께 일어나서는 안 됩니다" 하고 말하면서 예수께 대들었다.

23 그러나 예수께서는 돌아서서, 베드로에게 말씀하셨다. "사탄아, 내 뒤로 물러가라. 너는 나에게 걸림돌이다. 너는 하나님의 일을 생각하지 않고, 사람의 일만 생각하는구나!"

24 그때에 예수께서는 제자들에게 말씀하셨다. "누구든지 나를 따라오려거든, 자기를 부인하고, 제 십자가를 지고, 나를 따라오너라.

25 누구든지 자기 목숨을 구하고자 하는 사람은 잃을 것이요, 나 때문에 자기 목숨을 잃는 사람은 찾을 것이다.

26 사람이 온 세상을 얻고도 제 목숨을 잃으면, 무슨 이득이 있겠느냐? 또 사람이 제 목숨을 되찾는 대가로 무엇을 내놓겠느냐?

27 인자가 자기 아버지의 영광에 싸여, 자기 천사들을 거느리고 올 터인데, 그때에 그는 각 사람에게 그 행실대로 갚아줄 것이다.

28 내가 진정으로 너희에게 말한다. 여기에 서 있는 사람들 가운데는, 죽음을 맛보지 않고 살아서, 인자가 자기 왕권을 차지하고 오는 것을 볼 사람들도 있다."

말씀 외우기

우리말로 먼저 읽고 영문으로 크게 소리 내어 읽으며 천천히 정확하게 외우십시오.

16:21

그때부터 예수께서는, 제자들에게 밝히기 시작하셨다.
From that time on Jesus began to explain to his disciples

그때부터 예수께서는, 자기가 반드시 예루살렘에 올라가야 하며, 장로들(에게) 많은 고난을 받(아야) 한다는 것을, 제자들에게 밝히기 시작하셨다.
From that time on Jesus began to explain to his disciples that he must go to Jerusalem and suffer many things at the hands of the elders,

그때부터 예수께서는, 자기가 반드시 예루살렘에 올라가야 하며, 장로들과 대제사장들과 율법학자들에게 많은 고난을 받(아야) 한다는 것을, 제자들에게 밝히기 시작하셨다.
From that time on Jesus began to explain to his disciples that he must go to Jerusalem and suffer many things at the hands of the elders, chief priests and the teachers of the law,

그때부터 예수께서는, 자기가 반드시 예루살렘에 올라가야 하며, 장로들과 대제사장들과 율법학자들에게 많은 고난을 받고 죽임을 당해야 하며, 사흘째 되는 날에 살아나야 한다는 것을, 제자들에게 밝히기 시작하셨다.
From that time on Jesus began to explain to his disciples that he must go to Jerusalem and suffer many things at the hands of the elders, chief priests and the teachers of the law, and that he must be killed and on the third day be raised to life.

From that time on Jesus began to explain to his disciples that he must go to Jerusalem and suffer many things at the hands of the elders, chief priests and the teachers of the law, and that he must be killed and on the third day be raised to life.

• **16:22**

이에 베드로가 예수를 따로 붙들고 "주님, 안 됩니다.

Peter took him aside and began to rebuke him. "Never, Lord!"

이에 베드로가 예수를 따로 붙들고 "주님, 안 됩니다. 절대로 이런 일이 주님께 일어나서는 안 됩니다" 하고 말하면서 예수께 대들었다.

Peter took him aside and began to rebuke him. "Never, Lord!" **he said.** **"This shall never happen to you!"**

Peter took him aside and began to rebuke him. "Never, Lord!" he said. "This shall never happen to you!"

• **16:23**

그러나 예수께서는 돌아서서, 베드로에게 말씀하셨다.

Jesus turned and said to Peter,

그러나 예수께서는 돌아서서, 베드로에게 말씀하셨다. "사탄아, 내 뒤로 물러가라. 너는 나에게 걸림돌이다.

Jesus turned and said to Peter, **"Get behind me, Satan! You are a stumbling block to me;**

그러나 예수께서는 돌아서서, 베드로에게 말씀하시기를 "사탄아, 내 뒤로 물러가라. 너는 나에게 걸림돌이다. 너는 하나님의 일을 생각하지 않고, 사람의 일만 생각하는구나!"

Jesus turned and said to Peter, "Get behind me, Satan! You are a stumbling block to me; **you do not have in mind the things of God, but** the things of men."

Jesus turned and said to Peter, "Get behind me, Satan! You are a stumbling block to me; you do not have in mind the things of God, but the things of men."

16:24

그때에 예수께서는 제자들에게 말씀하셨다. "누구든지 나를 따라오려거든,
Then Jesus said to his disciples, "If anyone would come after me

그때에 예수께서는 제자들에게 말씀하셨다. "누구든지 나를 따라오려거든, 자기를 부인하고 제 십자가를 지고 나를 따라오너라.
Then Jesus said to his disciples, "If anyone would come after me **he must deny himself and take up his cross and follow me.**

Then Jesus said to his disciples, "If anyone would come after me he must deny himself and take up his cross and follow me.

16:25

누구든지 자기 목숨을 구하고자 하는 사람은 잃을 것이요,
For whoever wants to save his life will lose it,

누구든지 자기 목숨을 구하고자 하는 사람은 잃을 것이요, 나 때문에 목숨을 잃는 사람은 찾을 것이다.
For whoever wants to save his life will lose it, **but whoever loses his life for me will find it.**

For whoever wants to save his life will lose it, but whoever loses his life for me will find it.

•··•16:26

무슨 이득이 있겠느냐?

What good will it be for a man

사람이 온 세상을 얻고도 제 목숨을 잃으면, 무슨 이득이 있겠느냐?

What good will it be for a man **if he gains the whole world, yet forfeits**

his soul?

사람이 온 세상을 얻고도 제 목숨을 잃으면, 무슨 이득이 있겠느냐? 또 사람이

제 목숨을 되찾는 대가로 무엇을 내놓겠느냐?

What good will it be for a man if he gains the whole world, yet forfeits

his soul? **Or what can a man give in exchange for his soul?**

What good will it be for a man if he gains the whole world, yet forfeits

his soul? Or what can a man give in exchange for his soul?

•··•16:27

인자가 자기 아버지의 영광에 싸여, 올 터인데,

For the Son of Man is going to come in his Father's glory

인자가 자기 아버지의 영광에 싸여, 자기 천사들을 거느리고 올 터인데,

For the Son of Man is going to come in his Father's glory **with his**

angels,

인자가 자기 아버지의 영광에 싸여, 자기 천사들을 거느리고 올 터인데, 그때에

그는 각 사람에게 갚아줄 것이다.

For the Son of Man is going to come in his Father's glory with his angels, **and then he will reward each person**

인자가 자기 아버지의 영광에 싸여, 자기 천사들을 거느리고 올 터인데, 그때에 그는 각 사람에게 그 행실대로 갚아줄 것이다.
For the Son of Man is going to come in his Father's glory with his angels, and then he will reward each person **according to what he has done.**

For the Son of Man is going to come in his Father's glory with his angels, and then he will reward each person according to what he has done.

• 16:28

내가 진정으로 너희에게 말한다. 여기에 서 있는 사람들 가운데는,
I tell you the truth, some who are standing here

내가 진정으로 너희에게 말한다. 여기에 서 있는 사람들 가운데는, 죽음을 맛보지 않고 살아서,
I tell you the truth, some who are standing here **will not taste death before**

내가 진정으로 너희에게 말한다. 여기에 서 있는 사람들 가운데는, 죽음을 맛보지 않고 살아서, 인자가 자기 왕권을 차지하고 오는 것을 볼 사람들도 있다."
I tell you the truth, some who are standing here will not taste death before **they see the Son of Man coming in his kingdom."**

I tell you the truth, some who are standing here will not taste death before they see the Son of Man coming in his kingdom."

chief priest n. 제사장 | rebuke v. ~를 힐책하다 | stumbling adj. 발부리에 걸리는
merely adv. 한낱, 그저 | forfeit v. 몰수당하다

말씀 읊조리기 – 1단계
각 절의 시작하는 단어를 보면서 외운 말씀 전체를 소리 내어 읊조리십시오.

21 From that time on Jesus began to
22 Peter took him aside
23 Jesus turned and said to Peter,
24 Then Jesus said to his disciples,
25 For whoever wants to save his life
26 What good will it be for a man
27 For the Son of Man is
28 "I tell you the truth,

말씀 읊조리기 – 2단계
우리말 본문을 눈으로 읽으면서 영어로 소리 내어 읊조리십시오.

21 그때부터 예수께서는, 자기가 반드시 예루살렘에 올라가야 하며, 장로들과 대제사장들과 율법학자들에게 많은 고난을 받고 죽임을 당해야 하며, 사흘째 되는 날에 살아나야 한다는 것을, 제자들에게 밝히기 시작하셨다.

22 이에 베드로가 예수를 따로 붙들고 "주님, 안 됩니다. 절대로 이런 일이 주님께 일어나서는 안 됩니다" 하고 말하면서 예수께 대들었다.

23 그러나 예수께서는 돌아서서, 베드로에게 말씀하셨다. "사탄아, 내 뒤로 물러가라. 너는 나에게 걸림돌이다. 너는 하나님의 일을 생각하지 않고, 사람의 일만 생각하는구나!"

24 그때에 예수께서는 제자들에게 말씀하셨다. 누구든지 나를 따라오려거든, 자

210

기를 부인하고, 제 십자가를 지고, 나를 따라오너라.

25 누구든지 자기 목숨을 구하고자 하는 사람은 잃을 것이요, 나 때문에 자기 목숨을 잃는 사람은 찾을 것이다.

26 사람이 온 세상을 얻고도 제 목숨을 잃으면, 무슨 이득이 있겠느냐? 또 사람이 제 목숨을 되찾는 대가로 무엇을 내놓겠느냐?

27 인자가 자기 아버지의 영광에 싸여, 자기 천사들을 거느리고 올 터인데, 그때에 그는 각 사람에게, 그 행실대로 갚아줄 것이다.

28 내가 진정으로 너희에게 말한다. 여기에 서 있는 사람들 가운데는, 죽음을 맛보지 않고 살아서, 인자가 자기 왕권을 차지하고 오는 것을 볼 사람들도 있다."

묵상하기 – 예수님이 이 땅에 오신 이유
외운 말씀을 되새기며 성령께서 말씀하시는 소리에 귀를 기울이십시오.

인류의 죄를 대신해서 십자가를 지기 위하여 이 땅에 오셨던 주님은 제자들에게 곧 당신께서 고난을 받고 죽게 될 것이라고 알려주셨다. 주님은 이 땅에 죽기 위하여 오셨다. 인류를 구원하시기 위해서 말이다. 베드로는 주님이 고난당하고 죽으실 것을 막고자 했지만 주님은 오히려 그를 꾸짖으셨다.

베드로는 주님이 부활하실 것을 보지 못했다. 그가 본 것은 고난과 죽음뿐이었다. 하지만 주님은 죽음 뒤의 부활을 아셨고 그로 인한 인류의 구원을 보셨다.

이제 그를 따르고자 하는 사람들에게 주님은 말씀하신다.

"누구든지 자기 목숨을 구하고자 하는 사람은 잃을 것이요, 누구든지 나 때문에 자기 목숨을 잃는 사람은 찾을 것"이라고. 그분은 이 땅에 살고 있는 우리에게 행실대로 갚아주시겠다고 단호히 말씀하신다. 이제 우리는 어떻게 살아야 할지를 안다. 아는 대로 살아야 한다.

순종 노트

순종해야 할 일이 생각났으면 적고 행하십시오. 믿음과 순종은 하나여야 합니다.

그를 이방 사람이나 세리처럼 여겨라
(18:15-20)

말씀 읽기
전체 내용이 이해될 때까지 본문을 소리 내어 또박또박 읽으십시오.

15 "네 형제가 [너에게] 죄를 짓거든, 가서, 단둘이 있는 자리에서 그에게 충고하여라. 그가 너의 말을 들으면, 너는 그 형제를 얻은 것이다.

16 그러나 듣지 않거든, 한두 사람을 더 데리고 가거라. 그가 하는 모든 말을, 두세 증인의 입을 빌려서 확정 지으려는 것이다.

17 그러나 그 형제가 그들의 말도 듣지 않거든, 교회에 말하여라. 교회의 말조차 듣지 않거든, 그를 이방 사람이나 세리와 같이 여겨라."

18 "내가 진정으로 너희에게 말한다. 무엇이든지, 너희가 땅에서 매는 것은 하늘에서도 매일 것이요, 땅에서 푸는 것은 하늘에서도 풀릴 것이다.

19 내가 [진정으로] 거듭 너희에게 말한다. 땅에서 너희 가운데 두 사람이 합심하여 무슨 일이든지 구하면, 하늘에 계신 내 아버지께서 그들에게 이루어주실 것이다.

20 두세 사람이 내 이름으로 모여 있는 자리, 거기에 내가 그들 가운데 있다."

말씀 외우기
우리말로 먼저 읽고 영문으로 크게 소리 내어 읽으며 천천히 정확하게 외우십시오.

• 18:15

네 형제가 [너에게] 죄를 짓거든,
"If your brother sins against you,

네 형제가 [너에게] 죄를 짓거든, 가서, 단둘이 있는 자리에서 그에게 충고하여라.
"If your brother sins against you, **go and show him his fault, just between the two of you.**

네 형제가 [너에게] 죄를 짓거든, 가서, 단둘이 있는 자리에서 그에게 충고하여라. 그가 너의 말을 들으면, 너는 그 형제를 얻은 것이다.
"If your brother sins against you, go and show him his fault, just between the two of you. **If he listens to you, you have won your brother over.**

"If your brother sins against you, go and show him his fault, just between the two of you. If he listens to you, you have won your brother over.

• 18:16

그러나 듣지 않거든, 한두 사람을 더 데리고 가거라.
But if he will not listen, take one or two others along,

그러나 듣지 않거든, 한두 사람을 더 데리고 가거라. 그가 하는 모든 말을, 확정 지으려는 것이다.
But if he will not listen, take one or two others along, **so that 'every matter may be established**

그러나 듣지 않거든, 한두 사람을 더 데리고 가거라. 그가 하는 모든 말을, 두세 증인의 입을 빌어서 확정 지으려는 것이다.
But if he will not listen, take one or two others along, so that 'every

matter may be established **by the testimony of two or three witnesses.'**

But if he will not listen, take one or two others along, so that 'every matter may be established by the testimony of two or three witnesses.'

• **18:17**

그러나 그 형제가 그들의 말도 듣지 않거든, 교회에 말하여라.
If he refuses to listen to them, tell it to the church;

그러나 그 형제가 그들의 말도 듣지 않거든, 교회에 말하여라. 교회의 말조차 듣지 않거든,
If he refuses to listen to them, tell it to the church; **and if he refuses to listen even to the church,**

그러나 그 형제가 그들의 말도 듣지 않거든, 교회에 말하여라. 교회의 말조차 듣지 않거든, 그를 이방 사람이나 세리와 같이 여겨라."
If he refuses to listen to them, tell it to the church; and if he refuses to listen even to the church, **treat him as you would a pagan or a tax collector.**

If he refuses to listen to them, tell it to the church; and if he refuses to listen even to the church, treat him as you would a pagan or a tax collector.

• **18:18**

"내가 진정으로 너희에게 말한다. 무엇이든지, 너희가 땅에서 매는 것은
"I tell you the truth, whatever you bind on earth

"내가 진정으로 너희에게 말한다. 무엇이든지, 너희가 땅에서 매는 것은 하늘에서도 매일 것이요,

"I tell you the truth, whatever you bind on earth **will be bound in heaven,**

"내가 진정으로 너희에게 말한다. 무엇이든지, 너희가 땅에서 매는 것은 하늘에서도 매일 것이요, 땅에서 푸는 것은 하늘에서도 풀릴 것이다.

"I tell you the truth, whatever you bind on earth will be bound in heaven, **and whatever you loose on earth will be loosed in heaven.**

"I tell you the truth, whatever you bind on earth will be bound in heaven, and whatever you loose on earth will be loosed in heaven.

• **18:19**

"내가 [진정으로] 거듭 너희에게 말한다.

"Again, I tell you that

내가 [진정으로] 거듭 너희에게 말한다. 땅에서 너희 가운데 두 사람이 땅에서 합심하여 무슨 일이든지 구하면,

"Again, I tell you that **if two of you on earth agree about anything you ask for,**

내가 [진정으로] 거듭 너희에게 말한다. 땅에서 너희 가운데 두 사람이 땅에서 합심하여 무슨 일이든지 구하면, 하늘에 계신 내 아버지께서 그들에게 이루어 주실 것이다.

"Again, I tell you that if two of you on earth agree about anything you ask for, **it will be done for you by my Father in heaven.**

"Again, I tell you that if two of you on earth agree about anything you

ask for, it will be done for you by my Father in heaven.

• **18:20**

두세 사람이 내 이름으로 모여 있는 자리,

For where two or three come together in my name,

두세 사람이 내 이름으로 모여 있는 자리, 거기에 내가 그들 가운데 있다."

For where two or three come together in my name, **there am I with them."**

For where two or three come together in my name, there am I with them."

---

win over v. ~를 설득하다 | testimony n. 증거

말씀 읊조리기 – 1단계
각 절의 시작하는 단어를 보면서 외운 말씀 전체를 소리 내어 읊조리십시오.

15 "If your brother sins

16 But if he will not listen,

17 If he refuses to listen to them,

18 "I tell you the truth,

19 "Again, I tell you that

20 For where two or three

우리말 본문을 눈으로 읽으면서 영어로 소리 내어 읊조리십시오.

15 "네 형제가 [너에게] 죄를 짓거든, 가서, 단둘이 있는 자리에서 그에게 충고하여라. 그가 너의 말을 들으면, 너는 그 형제를 얻은 것이다.

16 그러나 듣지 않거든, 한두 사람을 더 데리고 가거라. 그가 하는 모든 말을, 두세 증인의 입을 빌려서 확정 지으려는 것이다.

17 그러나 그 형제가 그들의 말도 듣지 않거든, 교회에 말하여라. 교회의 말조차 듣지 않거든, 그를 이방 사람이나 세리와 같이 여겨라."

18 "내가 진정으로 너희에게 말한다. 무엇이든지, 너희가 땅에서 매는 것은 하늘에서도 매일 것이요, 땅에서 푸는 것은 하늘에서도 풀릴 것이다.

19 내가 [진정으로] 거듭 너희에게 말한다. 땅에서 너희 가운데 두 사람이 합심하여 무슨 일이든지 구하면, 하늘에 계신 내 아버지께서 그들에게 이루어주실 것이다.

20 두세 사람이 내 이름으로 모여 있는 자리, 거기에 내가 그들 가운데 있다."

묵상하기 – 죄를 이기려 하지 말고 피하라
외운 말씀을 되새기며 성령께서 말씀하시는 소리에 귀를 기울이십시오.

죄는 개인뿐만 아니라 단체, 나아가서는 한 나라도 파멸에 이르게 한다. 죄는 죽음에 이르게 하는 병이다. 주님은 가까운 형제나 자매가 죄에 빠졌을 때에 우리가 어떻게 해야 하는지를 말씀하신다.

죄를 지은 형제라도 우리는 그를 존중해야 한다. 다만 그가 자신의 죄를 뉘우치고 회개할 수 있도록 진심으로 충고해주어야 한다. 다윗을 찾아온 나단 선지자처럼 말이다. 죄 지은 형제가 그 충고를 받아들이지 않으면 신실한 두세 사람의 경건한 형제자매들과 함께 다시 찾아가 충고해야 한다.

그 후엔 교회를 대표하는 지도자가 그 일을 해야 한다. 그래서 죄를 범한 사람이 돌아오면 감사한 일이다. 죄를 지었더라도 회개를 통해 형제가 주께로 돌아와야 하기 때문이다. 그런데 수차례의 권면을 받고서도 그 형제가 돌이키지 않으면 주님께 맡겨야 한다.

이 말씀에는 죄에 빠져 회개치 않는 사람과는 교제하지를 말라는 뜻이 담겨 있다. 무엇보다 우선시 돼야 할 것은 하나님의 사람들의 영적인 건강과 교회의 거룩함이다. 이러한 가르침을 따르지 않고 그저 분별없이 사랑만을 내세워 무분별한 교제를 계속한다면 그것은 불순종이며, 주님보다도 자신의 사랑이 더 많다고 여기는 오산이다.

죄는 전염성이 강하다. 죄를 이기려하지 말고 피하는 것이 지혜롭다.

"복 있는 사람은 악인들의 꾀를 따르지 아니하며, 죄인의 길에 서지 아니하며, 오만한 자의 자리에 앉지 아니하며, 오로지 주님의 율법을 즐거워하여, 밤낮으로 율법을 묵상하는 사람이다(시 1:1)".

 ## 순종 노트

순종해야 할 일이 생각났으면 적고 행하십시오. 믿음과 순종은 하나여야 합니다.

내가 너를 불쌍히 여긴 것처럼
(18:21-35)

말씀 읽기
전체 내용이 이해될 때까지 본문을 소리 내어 또박또박 읽으십시오.

21 그때에 베드로가 예수께 다가와서 말하였다. "주님, 내 형제가 나에게 자꾸 죄를 지으면, 내가 몇 번이나 용서하여주어야 합니까? 일곱 번까지 하여야 합니까?"

22 예수께서 대답하셨다. "일곱 번만이 아니라, 일흔 번을 일곱 번이라도 하여야 한다.

23 그러므로, 하늘나라는 마치 자기 종들과 셈을 가리려고 하는 어떤 왕과 같다.

24 왕이 셈을 가리기 시작하니, 만 달란트 빚진 종 하나가 왕 앞에 끌려왔다.

25 그런데 그는 빚을 갚을 돈이 없으므로, 주인은 그 종에게, 자신과 그 아내와 자녀들과 그 밖에 그가 가진 것을 모두 팔아서 갚으라고 명령하였다.

26 그랬더니 종이 그 앞에 무릎을 꿇고, '참아주십시오. 다 갚겠습니다' 하고 애원하였다.

27 주인은 그 종을 가엾게 여겨서, 그를 놓아주고, 빚을 없애주었다.

28 그러나 그 종은 나가서, 자기에게 백 데나리온 빚진 동료 하나를 만나자, 붙들어서 멱살을 잡고 '내게 빚진 것을 갚아라' 하였다.

29 그 동료는 엎드려 간청하였다. '참아주게. 내가 갚겠네.'

30 그러나 그는 들어주려 하지 않고, 가서 그 동료를 감옥에 집어넣고, 빚진 돈을 갚을 때까지 갇혀 있게 하였다.

220 31 다른 종들이 이 광경을 보고, 매우 딱하게 여겨서, 가서 주인에게 그 일을 다

일렀다.

32 그러자 주인이 그 종을 불러다놓고 말하였다. '이 악한 종아, 네가 애원하기에, 나는 너에게 그 빚을 다 없애주었다.

33 내가 너를 불쌍히 여긴 것처럼, 너도 네 동료를 불쌍히 여겼어야 할 것이 아니냐?'

34 주인이 노하여, 그를 형무소 관리에게 넘겨주고, 빚진 것을 다 갚을 때까지 가두어두게 하였다.

35 너희가 각각 진심으로 자기 형제자매를 용서해주지 않으면, 나의 하늘 아버지께서도 너희에게 그와 같이 하실 것이다."

말씀 외우기

우리말로 먼저 읽고 영문으로 크게 소리 내어 읽으며 천천히 정확하게 외우십시오.

• 18:21

그때에 베드로가 예수께 다가와서 말하였다.

Then Peter came to Jesus and asked,

그때에 베드로가 예수께 다가와서 말하였다. "주님, 내가 몇 번이나 용서하여주어야 합니까?

Then Peter came to Jesus and asked, **"Lord, how many times shall I forgive**

그때에 베드로가 예수께 다가와서 말하였다. "주님, 내 형제가 나에게 자꾸 죄를 지으면, 내가 몇 번이나 용서하여주어야 합니까?

Then Peter came to Jesus and asked, "Lord, how many times shall I forgive **my brother when he sins against me?**

그때에 베드로가 예수께 다가와서 말하였다. "주님, 내 형제가 나에게 자꾸 죄를 지으면, 내가 몇 번이나 용서하여주어야 합니까? 일곱 번까지 하여야 합니까?"

Then Peter came to Jesus and asked, "Lord, how many times shall I forgive my brother when he sins against me? **Up to seven times?"**

Then Peter came to Jesus and asked, "Lord, how many times shall I forgive my brother when he sins against me? Up to seven times?"

• **18:22**

예수께서 대답하셨다. "일곱 번만이 아니라,
Jesus answered, "I tell you, not seven times,

예수께서 대답하셨다. "일곱 번만이 아니라, 일흔 번을 일곱 번이라도 하여야 한다.
Jesus answered, "I tell you, not seven times, **but seventy-seven times.**

Jesus answered, "I tell you, not seven times, but seventy-seven times.

• **18:23**

그러므로, 하늘나라는 어떤 왕과 같다.
"Therefore, the kingdom of heaven is like a king

그러므로, 하늘나라는 마치 자기 종들과 셈을 가리려고 하는 어떤 왕과 같다.
"Therefore, the kingdom of heaven is like a king **who wanted to settle accounts with his servants.**

"Therefore, the kingdom of heaven is like a king who wanted to settle accounts with his servants.

왕이 셈을 가리기 시작하니,

As he began the settlement,

왕이 셈을 가리기 시작하니, 만 달란트 빚진 종 하나가 왕 앞에 끌려왔다.

As he began the settlement, **a man who owed him ten thousand talents was brought to him.**

As he began the settlement, a man who owed him ten thousand talents was brought to him.

•---→ **18:25**

그런데 그는 빚을 갚을 돈이 없으므로,

Since he was not able to pay,

그런데 그는 빚을 갚을 돈이 없으므로, 주인은 명령하였다.

Since he was not able to pay, **the master ordered.**

그런데 그는 빚을 갚을 돈이 없으므로, 주인은 그 종에게, 자신과 그 아내와 자녀들과 그 밖에 그가 가진 것을 모두 팔아서 갚으라고 명령하였다.

Since he was not able to pay, the master ordered **that he and his wife and his children and all that he had be sold to repay the debt.**

Since he was not able to pay, the master ordered that he and his wife and his children and all that he had be sold to repay the debt.

•---→ **18:26**

그랬더니 종이 그 앞에 무릎을 꿇고,

"The servant fell on his knees before him.

그랬더니 종이 그 앞에 무릎을 꿇고, '참아주십시오.
"The servant fell on his knees before him. **'Be patient with me,'**

그랬더니 종이 그 앞에 무릎을 꿇고, '참아주십시오. 다 갚겠습니다' 하고 애원
하였다.
"The servant fell on his knees before him. 'Be patient with me,' **he**
begged, 'and I will pay back everything.'

"The servant fell on his knees before him. 'Be patient with me,' he
begged, 'and I will pay back everything.'

···• **18:27**

주인은 그 종을 가엾게 여겨서,
The servant's master took pity on him,

주인은 그 종을 가엾게 여겨서, 그를 놓아주고, 빚을 없애(탕감해)주었다.
The servant's master took pity on him, **canceled the debt and let him**
go.

The servant's master took pity on him, canceled the debt and let him
go.

···• **18:28**

그러나 그 종은 나가서,
"But when that servant went out,

224

그러나 그 종은 나가서, 자기에게 백 데나리온 빚진 동료 하나를 만나자,

"But when that servant went out, **he found one of his fellow servants who owed him a hundred denarii.**

그러나 그 종은 나가서, 자기에게 백 데나리온 빚진 동료 하나를 만나자, 붙들어서 멱살을 잡고

"But when that servant went out, he found one of his fellow servants who owed him a hundred denarii. **He grabbed him and began to choke him.**

그러나 그 종은 나가서, 자기에게 백 데나리온 빚진 동료 하나를 만나자, 붙들어서 멱살을 잡고 '내게 빚진 것을 갚아라' 하였다.

"But when that servant went out, he found one of his fellow servants who owed him a hundred denarii. He grabbed him and began to choke him. **'Pay back what you owe me!' he demanded.**

"But when that servant went out, he found one of his fellow servants who owed him a hundred denarii. He grabbed him and began to choke him. 'Pay back what you owe me!' he demanded.

• **18:29**

그 동료는 엎드려 간청하였다.

"His fellow servant fell to his knees and begged him,

그 동료는 엎드려 간청하였다. '참아주게. 내가 갚겠네.'

"His fellow servant fell to his knees and begged him, **'Be patient with me, and I will pay you back.'**

"His fellow servant fell to his knees and begged him, 'Be patient with me, and I will pay you back.'

● 18:30

그러나 그는 들어주려 하지 않고,
"But he refused. Instead,

그러나 그는 들어주려 하지 않고, 가서 그 동료를 감옥에 집어넣고,
"But he refused. Instead, **he went off and had the man thrown into prison**

그러나 그는 들어주려 하지 않고, 가서 그 동료를 감옥에 집어넣고, 빚진 돈을 갚을 때까지 갇혀 있게 하였다.
"But he refused. Instead, he went off and had the man thrown into prison **until he could pay the debt.**

"But he refused. Instead, he went off and had the man thrown into prison until he could pay the debt.

● 18:31

다른 종들이 이 광경을 보고,
When the other servants saw what had happened,

다른 종들이 이 광경을 보고, 매우 딱하게 여겨서,
When the other servants saw what had happened, **they were greatly distressed**

다른 종들이 이 광경을 보고, 매우 딱하게 여겨서, 가서 주인에게 그 일을 다 일렀다.

226

When the other servants saw what had happened, they were greatly distressed **and went and told their master everything that had happened.**

When the other servants saw what had happened, they were greatly distressed and went and told their master everything that had happened.

• 18:32

그러자 주인이 그 종을 불러다놓고 말하였다.
"Then the master called the servant in.

그러자 주인이 그 종을 불러다놓고 말하였다. '이 악한 종아, 나는 너에게 그 빚을 다 없애주었다.
"Then the master called the servant in. **'You wicked servant,' he said, 'I canceled all that debt of yours**

그러자 주인이 그 종을 불러다놓고 말하였다. '이 악한 종아, 네가 애원하기에, 나는 너에게 그 빚을 다 없애주었다.
"Then the master called the servant in. 'You wicked servant,' he said, 'I canceled all that debt of yours **because you begged me to.**

"Then the master called the servant in. 'You wicked servant,' he said, 'I canceled all that debt of yours because you begged me to.

• 18:33

너도 네 동료를 불쌍히 여겼어야 할 것이 아니냐?'
Shouldn't you have had mercy on your fellow servant

내가 너를 불쌍히 여긴 것처럼, 너도 네 동료를 불쌍히 여겼어야 할 것이 아니냐?'

Shouldn't you have had mercy on your fellow servant **just as I had on you?'**

Shouldn't you have had mercy on your fellow servant just as I had on you?'

• **18:34**

주인이 노하여,

In anger his master

주인이 노하여, 그를 형무소 관리에게 넘겨주고,

In anger his master **turned him over to the jailers**

주인이 노하여, 그를 형무소 관리에게 넘겨주고, 빚진 것을 다 갚을 때까지 가두어두게 하였다.

In anger his master turned him over to the jailers **to be tortured, until he should pay back all he owed.**

In anger his master turned him over to the jailers to be tortured, until he should pay back all he owed.

• **18:35**

나의 하늘 아버지께서도 그와 같이 하실 것이다."

"This is how my heavenly Father will treat

나의 하늘 아버지께서도 너희에게 그와 같이 하실 것이다."

"This is how my heavenly Father will treat **each of you**

너희가 각각 진심으로 자기 형제자매를 용서해주지 않으면, 나의 하늘 아버지께서도 너희에게 그와 같이 하실 것이다."

"This is how my heavenly Father will treat each of you **unless you forgive your brother from your heart.**"

"This is how my heavenly Father will treat each of you unless you forgive your brother from your heart."

---

settle account v. 계산을 청산하다 | settlement n. 합의, 지불 | owe v. 빚지고 있다
distressed adj. 괴로워하는, 아파하는 | jailer n. 교도소장 | torture n. 고문

말씀 읊조리기 – 1단계

각 절의 시작하는 단어를 보면서 외운 말씀 전체를 소리 내어 읊조리십시오.

21 Then Peter came to Jesus
22 Jesus answered,
23 "Therefore, the kingdom
24 As he began the settlement,
25 Since he was not able to pay,
26 "The servant fell on his
27 The servant's master took
28 "But when that servant went out,
29 "His fellow servant fell to his knees
30 "But he refused.
31 When the other servants
32 "Then the master called

33 Shouldn't you have

34 In anger his master

35 "This is how

말씀 읊조리기 – 2단계
우리말 본문을 눈으로 읽으면서 영어로 소리 내어 읊조리십시오.

21 그때에 베드로가 예수께 다가와서 말하였다. "주님, 내 형제가 나에게 자꾸 죄를 지으면, 내가 몇 번이나 용서하여주어야 합니까? 일곱 번까지 하여야 합니까?"

22 예수께서 대답하셨다. "일곱 번만이 아니라, 일흔 번을 일곱 번이라도 하여야 한다.

23 그러므로, 하늘나라는 마치 자기 종들과 셈을 가리려고 하는 어떤 왕과 같다.

24 왕이 셈을 가리기 시작하니, 만 달란트 빚진 종 하나가 왕 앞에 끌려왔다.

25 그런데 그는 빚을 갚을 돈이 없으므로, 주인은 그 종에게, 자신과 그 아내와 자녀들과 그 밖에 그가 가진 것을 모두 팔아서 갚으라고 명령하였다.

26 그랬더니 종이 그 앞에 무릎을 꿇고, '참아주십시오. 다 갚겠습니다' 하고 애원하였다.

27 주인은 그 종을 가엾게 여겨서, 그를 놓아주고, 빚을 없애주었다.

28 그러나 그 종은 나가서, 자기에게 백 데나리온 빚진 동료 하나를 만나자, 붙들어서 멱살을 잡고 말하기를 '내게 빚진 것을 갚아라' 하였다.

29 그 동료는 엎드려 간청하였다. '참아주게. 내가 갚겠네.'

30 그러나 그는 들어주려 하지 않고, 가서 그 동료를 감옥에 집어넣고, 빚진 돈을 갚을 때까지 갇혀 있게 하였다.

31 다른 종들이 이 광경을 보고, 매우 딱하게 여겨서, 가서 주인에게 그 일을 다 일렀다.

32 그러자 주인이 그 종을 불러다놓고 말하였다. '이 악한 종아, 네가 애원하기에, 나는 너에게 그 빚을 다 없애주었다.

33 내가 너를 불쌍히 여긴 것처럼, 너도 네 동료를 불쌍히 여겼어야 할 것이 아

니냐?'

34 주인이 노하여, 그를 형무소 관리에게 넘겨주고, 빚진 것을 다 갚을 때까지 가두어두게 하였다.

35 너희가 각각 진심으로 자기 형제자매를 용서해주지 않으면, 나의 하늘 아버지께서도 너희에게 그와 같이 하실 것이다.”

묵상하기 – 일만 달란트 탕감받은 자
외운 말씀을 되새기며 성령께서 말씀하시는 소리에 귀를 기울이십시오.

이 이야기는 천국의 비유이다. 두 채무자가 있는데 한 사람은 천문학적인 돈을 빚졌고 다른 한 사람은 석 달 치의 봉급 정도를 빚졌다. 그런데 왕에게 일만 달란트(너무 큰돈이라 갚을 수 없는 돈)를 빚진 사람은 왕으로부터 탕감을 받았다. 탕감받은 이 사람은 집으로 돌아가는 길에 자신에게 백 데나리온(석 달 치 봉급)의 빚을 진 사람을 만나 그 빚을 갚으라고 그를 감옥에 집어넣었다.

당연히 그 사실이 왕에게 알려졌고, 일만 달란트 탕감받은 사람은 다시 그 빚을 갚아야 할 뿐 아니라 그 빚을 다 갚을 때까지 감옥에서 나오지 못한다.

이 이야기의 의도는 두 가지다. 일만 달란트의 빚은 갚을 수 없는 돈이다. 굳이 그 돈을 환산하자면 노동자 한 사람의 20만 년의 임금에 해당되는 돈이다. 그것은 빚의 문제가 아니라 죄와 연관된 생명과 관계가 있는 피의 값이다. 이 빚은 갚지 못하면 죽음으로 대신해야 한다. 바로 죄에 빠진 인류의 공통된, 생명을 저당 잡힌 채무이다.

그런데 그는 그 빚을 탕감받았다. 삶을 얻고 천국을 보장받은 것이다. 그는 값 없이 새 생명을 얻었지만 빛으로 살지 못하고 작은 돈에 눈이 멀어 형제의 빚을 탕감해주지 않았다. 이 말씀에는 자기가 죄를 용서받아 구원받았다고 믿은 사람도 지옥에 떨어질 수 있다는 경고가 담겨 있다. 많은 사람들이 자신은 구원받았다고 여기지만 죽어서는 지옥에 떨어지는 일이 일어난다.

순종 노트

순종해야 할 일이 생각났으면 적고 행하십시오. 믿음과 순종은 하나여야 합니다.

PART 4

마태복음
20장 ~ 28장

당신들도 포도원에 들어가서 일하시오
(20:1-16)

말씀 읽기

전체 내용이 이해될 때까지 본문을 소리 내어 또박또박 읽으십시오.

1 "하늘나라는 자기 포도원에서 일할 일꾼을 고용하려고 이른 아침에 집을 나선 어떤 포도원 주인과 같다.

2 그는 품삯을 하루에 한 데나리온으로 일꾼들과 합의하고, 그들을 자기 포도원으로 보냈다.

3 그러고서 아홉 시쯤에 나가서 보니, 사람들이 장터에서 빈둥거리며 서 있었다.

4 그가 그들에게 말하기를 '여러분도 포도원에 가서 일을 하시오. 적당한 품삯을 주겠소' 하였다.

5 그래서 그들이 일을 하러 떠났다. 주인이 다시 열두 시와 오후 세 시쯤에 나가서 그렇게 하였다.

6 오후 다섯 시쯤에 주인이 또 나가 보니, 아직도 빈둥거리고 있는 사람들이 있어서, 그들에게 '왜 당신들은 온종일 이렇게 하는 일 없이 빈둥거리고 있소?' 하고 물었다.

7 그들이 그에게 대답하기를 '아무도 우리에게 일을 시켜주지 않아서, 이러고 있습니다' 하였다. 그래서 그는 '당신들도 포도원에 가서 일을 하시오' 하고 말하였다.

8 저녁이 되니, 포도원 주인이 자기 관리인에게 말하기를 '일꾼들을 불러, 맨 나중에 온 사람들부터 시작하여, 맨 먼저 온 사람들에게까지, 품삯을 치르시오'

하였다.

9 오후 다섯 시쯤부터 일을 한 일꾼들이 와서, 한 데나리온씩을 받았다.

10 그런데 맨 처음에 와서 일을 한 사람들은, 은근히 좀 더 받으려니 하고 생각하였는데, 그들도 한 데나리온씩을 받았다.

11 그들은 받고 나서, 주인에게 투덜거리며 말하였다.

12 '마지막에 온 이 사람들은 한 시간밖에 일하지 않았는데도, 찌는 더위 속에서 온종일 수고한 우리들과 똑같이 대우하였습니다.'

13 그러자 주인이 그들 가운데 한 사람에게 말하기를 '이보시오, 나는 당신을 부당하게 대한 것이 아니오. 그대는 나와 한 데나리온으로 합의하지 않았소?

14 당신의 품삯이나 받아 가지고 돌아가시오. 당신에게 주는 것과 꼭 같이 이 마지막 사람에게 주는 것이 내 뜻이오.

15 내 것을 가지고 내 뜻대로 할 수 없다는 말이오? 내가 후하기 때문에, 그것이 당신 눈에 거슬리오?' 하였다.

16 이와 같이 꼴찌들이 첫째가 되고, 첫째들이 꼴찌가 될 것이다."

말씀 외우기

우리말로 먼저 읽고 영문으로 크게 소리 내어 읽으며 천천히 정확하게 외우십시오.

20:1

"하늘나라는 어떤 포도원 주인과 같다.

For the kingdom of heaven is like a landowner

"하늘나라는 일꾼을 고용하려고 이른 아침에 집을 나선 어떤 포도원 주인과 같다.

For the kingdom of heaven is like a landowner **who went out early in the morning to hire workers**

"하늘나라는 자기 포도원에서 일할 일꾼을 고용하려고 이른 아침에 집을 나선 어떤 포도원 주인과 같다.

For the kingdom of heaven is like a landowner who went out early in the morning to hire men **to work in his vineyard.**

For the kingdom of heaven is like a landowner who went out early in the morning to hire men to work in his vineyard.

20:2

그는 품삯을 하루에 한 데나리온으로 일꾼들과 합의하고,
He agreed to pay them a denarius for the day

그는 품삯을 하루에 한 데나리온으로 일꾼들과 합의하고, 그들을 자기 포도원으로 보냈다.
He agreed to pay them a denarius for the day **and sent them into his vineyard.**

He agreed to pay them a denarius for the day and sent them into his vineyard.

20:3

그러고서 아홉 시쯤에 나가서 보니,
"About nine in the morning he went out

그러고서 아홉 시쯤에 나가서 보니, 사람들이 장터에서 빈둥거리며 서 있었다.
"About nine in the morning he went out **and saw others standing in the marketplace doing nothing.**

"About nine in the morning he went out and saw others standing in the marketplace doing nothing.

그가 그들에게 말하기를 '여러분도 포도원에 가서 일하시오.

He told them, 'You also go and work in my vineyard,

그가 그들에게 말하기를 '여러분도 포도원에 가서 일하시오. 적당한 품삯을 주겠소' 하였다.

He told them, 'You also go and work in my vineyard, **and I will pay you whatever is right.'**

He told them, 'You also go and work in my vineyard, and I will pay you whatever is right.'

그래서 그들이 일을 하러 떠났다.

So they went.

그래서 그들이 일을 하러 떠났다. 주인이 다시 열두 시와 오후 세 시쯤에 나가서

So they went. **"He went out again about noon and about three in the afternoon**

그래서 그들이 일을 하러 떠났다. 주인이 다시 열두 시와 오후 세 시쯤에 나가서 그렇게 하였다.

So they went. "He went out again about noon and and about three in the afternoon **did the same thing**

So they went. "He went out again about noon and and about three in the afternoon and did the same thing

20:6

오후 다섯 시쯤에 주인이 또 나가 보니,
About five in the afternoon he went out

오후 다섯 시쯤에 주인이 또 나가 보니, 아직도 빈둥거리고 있는 사람들이 있어서,
About five in the afternoon he went out **and found still others standing around.**

오후 다섯 시쯤에 주인이 또 나가 보니, 아직도 빈둥거리고 있는 사람들이 있어서, 그들에게 '왜 당신들은 빈둥거리고 있소?' 하고 물었다.
About five in the afternoon he went out and found still others standing around. **He asked them, 'Why have you been standing here**

오후 다섯 시쯤에 주인이 또 나가 보니, 아직도 빈둥거리고 있는 사람들이 있어서, 그들에게 '왜 당신들은 온종일 이렇게 하는 일 없이 빈둥거리고 있소?' 하고 물었다.
About five in the afternoon he went out and found still others standing around. He asked them, 'Why have you been standing here **all day long doing nothing?'**

About five in the afternoon he went out and found still others standing around. He asked them, 'Why have you been standing here all day long doing nothing?'

20:7

그들이 그에게 대답하기를 '아무도 우리에게 일을 시켜주지 않아서, 이러고 있습니다' 하였다.
"'Because no one has hired us,' they answered.

238

그들이 그에게 대답하기를 '아무도 우리에게 일을 시켜주지 않아서, 이러고 있습니다' 하였다. 그래서 그는 '당신들도 포도원에 가서 일을 하시오' 하고 말하였다.

"'Because no one has hired us,' they answered. **"He said to them, 'You also go and work in my vineyard.'**

"'Because no one has hired us,' they answered. **"He said to them, 'You also go and work in my vineyard.'**

---•**20:8**

저녁이 되니, 포도원 주인이 자기 관리인에게 말하기를
"When evening came, the owner of the vineyard said to his foreman,

저녁이 되니, 포도원 주인이 자기 관리인에게 말하기를 '일꾼들을 불러, 품삯을 치르시오' 하였다.
"When evening came, the owner of the vineyard said to his foreman, **'Call the workers and pay them their wages,**

저녁이 되니, 포도원 주인이 자기 관리인에게 말하기를 '일꾼들을 불러, 맨 나중에 온 사람들부터 시작하여, 맨 먼저 온 사람들에게까지, 품삯을 치르시오' 하였다.
"When evening came, the owner of the vineyard said to his foreman, 'Call the workers and pay them their wages, **beginning with the last ones hired and going on to the first.'**

"When evening came, the owner of the vineyard said to his foreman, 'Call the workers and pay them their wages, beginning with the last ones hired and going on to the first.'

오후 다섯 시쯤부터 일을 한 일꾼들이 와서,
"The workers who were hired about five in the afternoon came

오후 다섯 시쯤부터 일을 한 일꾼들이 와서, 한 데나리온씩을 받았다.
"The workers who were hired about five in the afternoon came **and each received a denarius.**

"The workers who were hired about five in the afternoon came and each received a denarius.

20:10

그런데 맨 처음에 와서 일을 한 사람들은,
So when those came who were hired first,

그런데 맨 처음에 와서 일을 한 사람들은, 은근히 좀 더 받으려니 하고 생각하였는데,
So when those came who were hired first, **they expected to receive more.**

그런데 맨 처음에 와서 일을 한 사람들은, 은근히 좀 더 받으려니 하고 생각하였는데, 그들도 한 데나리온씩을 받았다.
So when those came who were hired first, they expected to receive more. **But each one of them also received a denarius.**

So when those came who were hired first, they expected to receive more. But each one of them also received a denarius.

240

• **20:11**

그들은 받고 나서,

When they received it,

그들은 받고 나서, 주인에게 투덜거리며 말하였다.

When they received it, **they began to grumble against the landowner.**

When they received it, they began to grumble against the landowner.

• **20:12**

'마지막에 온 이 사람들은 한 시간밖에 일하지 않았는데도,

'These men who were hired last worked only one hour,' they said,

'마지막에 온 이 사람들은 한 시간밖에 일하지 않았는데도, 우리들과 똑같이 대우를 하였습니다.

'These men who were hired last worked only one hour,' they said, **'and you have made them equal to us**

'마지막에 온 이 사람들은 한 시간밖에 일하지 않았는데도, 온종일 수고한 우리들과 똑같이 대우를 하였습니다.'

'These men who were hired last worked only one hour,' they said, 'and you have made them equal to us **who have borne the burden of the work**

'마지막에 온 이 사람들은 한 시간밖에 일하지 않았는데도, 찌는 더위 속에서 온종일 수고한 우리들과 똑같이 대우를 하였습니다.'

'These men who were hired last worked only one hour,' they said, 'and you have made them equal to us who have borne the burden of the work **and the heat of the day.'**

'These men who were hired last worked only one hour,' they said, 'and you have made them equal to us who have borne the burden of the work and the heat of the day.'

20:13

그러자 주인이 그들 가운데 한 사람에게 말하기를
"But he answered one of them,

그러자 주인이 그들 가운데 한 사람에게 말하기를 '이보시오, 나는 그대를 부당하게 대한 것이 아니오.
"But he answered one of them, **'Friend, I am not being unfair to you.**

그러자 주인이 그들 가운데 한 사람에게 말하기를 '이보시오, 나는 당신을 부당하게 대한 것이 아니오. 그대는 나와 한 데나리온으로 합의하지 않았소?
"But he answered one of them, 'Friend, I am not being unfair to you. **Didn't you agree to work for a denarius?**

"But he answered one of them, 'Friend, I am not being unfair to you. Didn't you agree to work for a denarius?

20:14

당신의 품삯이나 받아 가지고 돌아가시오.
Take your pay and go.

당신의 품삯이나 받아 가지고 돌아가시오. 이 마지막 사람에게 주는 것이 내 뜻이오.
Take your pay and go. **I want to give the man who was hired last**

당신의 품삯이나 받아 가지고 돌아가시오. 당신에게 주는 것과 꼭 같이 이 마지막 사람에게 주는 것이 내 뜻이오.

Take your pay and go. I want to give the man who was hired last **the same as I gave you.**

Take your pay and go. I want to give the man who was hired last the same as I gave you.

20:15

내 뜻대로 할 수 없다는 말이오?

Don't I have the right to do what I want?

내 것을 가지고 내 뜻대로 할 수 없다는 말이오?

Don't I have the right to do what I want **with my own money?**

내 것을 가지고 내 뜻대로 할 수 없다는 말이오? 내가 후하기 때문에, 그것이 당신 눈에 거슬리오?' 하였다.

Don't I have the right to do what I want with my own money? **Or are you envious because I am generous?'**

Don't I have the right to do what I want with my own money? Or are you envious because I am generous?'

20:16

이와 같이 꼴찌들이 첫째가 되고,

"So the last will be first,

이와 같이 꼴찌들이 첫째가 되고, 첫째들이 꼴찌가 될 것이다."

"So the last will be first, **and the first will be last.**"

"So the last will be first, and the first will be last."

---

landowner n. 토지 소유자 | foreman n. (현장) 감독 | grumble v. 투덜거리다
envious adj. 부러워하는

말씀 읊조리기 – 1단계
각 절의 시작하는 단어를 보면서 외운 말씀 전체를 소리 내어 읊조리십시오.

1 "For the kingdom of heaven is

2 He agreed to pay them

3 "About nine in the morning

4 He told them,

5 So they went.

6 About five in the afternoon

7 "'Because no one

8 "When evening came,

9 "The workers who

10 So when those came

11 When they received it,

12 'These men who were hired

13 "But he answered

14 Take your pay and go.

15 Don't I have the right

16 "So the last will be first,

244

1 "하늘나라는 자기 포도원에서 일할 일꾼을 고용하려고 이른 아침에 집을 나선 어떤 포도원 주인과 같다.

2 그는 품삯을 하루에 한 데나리온으로 일꾼들과 합의하고, 그들을 자기 포도원으로 보냈다.

3 그러고서 아홉 시쯤에 나가서 보니, 사람들이 장터에 빈둥거리며 서 있었다.

4 그는 그들에게 말하기를 '여러분도 포도원에 가서 일을 하시오. 적당한 품삯을 주겠소' 하였다.

5 그래서 그들이 일을 하러 떠났다. 주인이 다시 열두 시와 오후 세 시쯤에 나가서 그렇게 하였다.

6 오후 다섯 시쯤에 주인이 또 나가 보니, 아직도 빈둥거리고 있는 사람들이 있어서, 그들에게 '왜 당신들은 온종일 이렇게 하는 일 없이 빈둥거리고 있소?' 하고 물었다.

7 그들이 그에게 대답하기를 '아무도 우리에게 일을 시켜주지 않아서, 이러고 있습니다' 하였다. 그래서 그는 '당신들도 포도원에 가서 일을 하시오' 하고 말하였다.

8 저녁이 되니, 포도원 주인이 자기 관리인에게 말하기를 '일꾼들을 불러, 맨 나중에 온 사람들부터 시작하여, 맨 먼저 온 사람들에게까지, 품삯을 치르시오' 하였다.

9 오후 다섯 시쯤부터 일을 한 일꾼들이 와서, 한 데나리온씩을 받았다.

10 그런데 맨 처음에 와서 일을 한 사람들은, 은근히 좀 더 받으려니 하고 생각하였는데, 그들도 한 데나리온씩을 받았다.

11 그들은 받고 나서, 주인에게 투덜거리며 말하였다.

12 '마지막에 온 이 사람들은 한 시간밖에 일하지 않았는데도, 찌는 더위 속에서 온종일 수고한 우리들과 똑같이 대우하였습니다.'

13 그러자 주인이 그들 가운데 한 사람에게 말하기를 '이보시오, 나는 당신을 부당하게 대한 것이 아니오. 당신은 나와 한 데나리온으로 합의하지 않았소?

14 당신의 품삯이나 받아 가지고 돌아가시오. 당신에게 주는 것과 꼭 같이 이

마지막 사람에게 주는 것이 내 뜻이오.

¹⁵ 내 것을 가지고 내 뜻대로 할 수 없다는 말이오? 내가 후하기 때문에, 그것이 당신 눈에 거슬리오?' 하였다.

¹⁶ 이와 같이 꼴찌들이 첫째가 되고, 첫째들이 꼴찌가 될 것이다."

묵상하기 – 포도원 일꾼의 비유
외운 말씀을 되새기며 성령께서 말씀하시는 소리에 귀를 기울이십시오.

하나님 앞에서의 충성은 그 양에 있는 것이 아니라 신실함에 있다. 사실 충성과 신실함은 같은 뜻이다. 이 포도원 일꾼의 비유는 누가 먼저고 누가 나중의 문제가 아니라 구원의 이야기라고 나는 믿는다.

포도원에서 일하는 일꾼은 이 땅에서 주님의 일을 하는 자들을 의미한다. 일찍이 부름받았다고 자랑할 일이 아니다. 물론 주를 위해 한평생을 변함없이 섬기는 일은 최고의 영광이다. 한 시간을 남겨두고 오후 다섯 시에 부름받은 일꾼들은 부름받은 그 자체를 기뻐했고 주인의 포도원에서 일하는 것을 영광으로 여겼다. 그들은 일터로 들어가기 전에 주인과 맺은 계약이 없었다. 그들은 얼마를 받을지에 대해 물어볼 수도 없었고 관심도 없었다. 일찍 온 일꾼들은 삯을 위해 일했지만 마지막에 부름받은 일꾼들은 주인에게 은혜를 입었기에 주인의 기쁨을 위해 남은 한 시간을 목숨 바쳐 일했다.

그날 주인을 기쁘게 한 사람은 그 일꾼들이 전부였다. 그래서 주인은 그들에게 하루 종일의 품삯인 한 데나리온을 그들에게 먼저 주었다.

이 이야기는 천국의 비유이다. 그러기에 나는 그 포도원에서 일한 사람들 중에 다섯 시에 일하러 들어간 일꾼들만이 천국에 들어갈 것이라고 믿는다. 투덜거리며 천국에 들어갈 사람이 과연 있을까.

순종 노트

순종해야 할 일이 생각났으면 적고 행하십시오. 믿음과 순종은 하나여야 합니다.

어떻게 여기에 들어왔는가?
(22:1-14)

말씀 읽기

전체 내용이 이해될 때까지 본문을 소리 내어 또박또박 읽으십시오.

1 예수께서 다시 여러 가지 비유로 그들에게 말씀하셨다.

2 "하늘나라는 자기 아들의 혼인 잔치를 베푼 어떤 임금에게 비길 수 있다.

3 임금이 자기 종들을 보내서, 초대받은 사람들을 잔치에 불러오게 하였는데, 그들은 오려고 하지 않았다.

4 그래서 다시 다른 종들을 보내며, 이렇게 말하였다. '초대받은 사람들에게로 가서, 음식을 다 차리고, 황소와 살진 짐승을 잡아서 모든 준비를 마쳤으니, 어서 잔치에 오시라고 하여라.'

5 그런데 초대받은 사람들은, 그 말을 들은 척도 하지 않고, 저마다 제 갈 곳으로 떠나갔다. 한 사람은 자기 밭으로 가고, 한 사람은 장사하러 갔다.

6 그리고 나머지 사람들은 그의 종들을 붙잡아서, 모욕하고 죽였다.

7 임금은 노해서, 자기 군대를 보내서 그 살인자들을 죽이고, 그들의 도시를 불살라버렸다.

8 그리고 자기 종들에게 말하였다. '혼인 잔치는 준비되었는데, 초대받은 사람들은 이것을 받을 만한 자격이 없다.

9 그러니 너희는 네 거리로 나가서, 아무나, 만나는 대로 잔치에 청해 오너라.'

10 종들은 큰길로 나가서, 악한 사람이나, 선한 사람이나, 만나는 대로 다 데려왔다. 그래서 혼인 잔치 자리는 손님으로 가득 차게 되었다.

11 임금이 손님들을 만나러 들어갔다가, 거기에 혼인 예복을 입지 않은 사람이

한 명 있는 것을 보고 그에게 묻기를,

12 '이 사람아, 그대는 혼인 예복을 입지 않았는데, 어떻게 여기에 들어왔는가?' 하니, 그는 아무 말도 하지 못하였다.

13 그때에 임금이 종들에게 분부하였다. '이 사람의 손발을 묶어서, 바깥 어두운 데로 내던져라. 거기에서 슬피 울며 이를 갈 것이다.'

14 부름받은 사람은 많으나, 뽑힌 사람은 적다.'"

말씀 외우기

우리말로 먼저 읽고 영문으로 크게 소리 내어 읽으며 천천히 정확하게 외우십시오.

22:1

예수께서 다시 여러 가지 비유로 그들에게 말씀하셨다.

Jesus spoke to them again in parables, saying:

Jesus spoke to them again in parables, saying:

22:2

"하늘나라는 어떤 임금에게 비길 수 있다.

The kingdom of heaven is like a king

"하늘나라는 자기 아들의 혼인 잔치를 베푼 어떤 임금에게 비길 수 있다.

The kingdom of heaven is like a king **who prepared a wedding banquet for his son.**

The kingdom of heaven is like a king who prepared a wedding banquet for his son.

임금이 자기 종들을 보내서, 초대받은 사람들을

He sent his servants to those who had been invited

임금이 자기 종들을 보내서, 초대받은 사람들을 잔치에 불러오게 하였는데,

He sent his servants to those who had been invited **to the banquet to tell them to come,**

임금이 자기 종들을 보내서, 초대받은 사람들을 잔치에 불러오게 하였는데, 그들은 오려고 하지 않았다.

He sent his servants to those who had been invited to the banquet to tell them to come, **but they refused to come.**

He sent his servants to those who had been invited to the banquet to tell them to come, but they refused to come.

그래서 다시 다른 종들을 보내며, 이렇게 말하였다.

"Then he sent some more servants and said,

그래서 다시 다른 종들을 보내며, 이렇게 말하였다. '초대받은 사람들에게로 가서, 음식을 다 차리고,

"Then he sent some more servants and said, **'Tell those who have been invited that I have prepared my dinner:**

그래서 다시 다른 종들을 보내며, 이렇게 말하였다. '초대받은 사람들에게로 가서, 음식을 다 차리고, 황소와 살진 짐승을 잡아서 모든 준비를 마쳤으니,

"Then he sent some more servants and said, 'Tell those who have been invited that I have prepared my dinner: **My oxen and fattened** cattle have been butchered, and everything is ready.

그래서 다시 다른 종들을 보내며, 이렇게 말하였다. '초대받은 사람들에게로 가서, 음식을 다 차리고, 황소와 살진 짐승을 잡아서 모든 준비를 마쳤으니, 어서 잔치에 오시라고 하여라.'

"Then he sent some more servants and said, 'Tell those who have been invited that I have prepared my dinner: My oxen and fattened cattle have been butchered, and everything is ready. **Come to the wedding banquet.'**

"Then he sent some more servants and said, 'Tell those who have been invited that I have prepared my dinner: My oxen and fattened cattle have been butchered, and everything is ready. Come to the wedding banquet.'

22:5

그런데 초대받은 사람들은, 그 말을 들은 척도 하지 않고, 저마다 제 갈 곳으로 떠나갔다

"But they paid no attention and went off—

그런데 초대받은 사람들은, 그 말을 들은 척도 하지 않고, 저마다 제 갈 곳으로 떠나갔다. 한 사람은 자기 밭으로 가고, 한 사람은 장사하러 갔다.

"But they paid no attention and went off—**one to his field, another to his business.**

"But they paid no attention and went off—one to his field, another to his business.

• 22:6

그리고 나머지 사람들은 그의 종들을 붙잡아서,

The rest seized his servants,

그리고 나머지 사람들은 그의 종들을 붙잡아서, 모욕하고 죽였다.

The rest seized his servants, **mistreated them and killed them.**

The rest seized his servants, mistreated them and killed them.

• 22:7

임금은 노해서,

The king was enraged.

임금은 노해서, 자기 군대를 보내어 그 살인자들을 죽이고,

The king was enraged. **He sent his army and destroyed those murderers**

임금은 노해서, 자기 군대를 보내어 그 살인자들을 죽이고, 그들의 도시를 불살라버렸다.

The king was enraged. He sent his army and destroyed those murderers **and burned their city.**

The king was enraged. He sent his army and destroyed those murderers and burned their city.

• 22:8

그리고 자기 종들에게 말하였다.

"Then he said to his servants,

그리고 자기 종들에게 말하였다. '혼인 잔치는 준비되었는데,
"Then he said to his servants, '**The wedding banquet is ready,**

그리고 자기 종들에게 말하였다. '혼인 잔치는 준비되었는데, 초대받은 사람들은 이것을 받을 만한 자격이 없다.
"Then he said to his servants, 'The wedding banquet is ready, **but those I invited did not deserve to come.**

"Then he said to his servants, 'The wedding banquet is ready, but those I invited did not deserve to come.

22:9

그러니 너희는 네 거리로 나가서,
Go to the street corners

그러니 너희는 네 거리로 나가서, 아무나, 만나는 대로 잔치에 청해 오너라.'
Go to the street corners **and invite to the banquet anyone you find.'**

Go to the street corners and invite to the banquet anyone you find.'

22:10

종들은 큰길로 나가서,
So the servants went out into the streets

종들은 큰길로 나가서, 악한 사람이나, 선한 사람이나, 만나는 대로 다 데려왔다.
So the servants went out into the streets **and gathered all the people they could find, both good and bad,**

마태복음
20장~28장

253

종들은 큰길로 나가서, 악한 사람이나, 선한 사람이나, 만나는 대로 다 데려왔다. 그래서 혼인 잔치 자리는 손님으로 가득 차게 되었다.

So the servants went out into the streets and gathered all the people they could find, both good and bad, **and the wedding hall was filled with guests.**

So the servants went out into the streets and gathered all the people they could find, both good and bad, and the wedding hall was filled with guests.

22:11

임금이 손님들을 만나러 들어갔다가,

"But when the king came in to see the guests,

임금이 손님들을 만나러 들어갔다가, 거기에 혼인 예복을 입지 않은 사람이 한 명 있는 것을 보고 그에게 묻기를,

"But when the king came in to see the guests, **he noticed a man there who was not wearing wedding clothes.**

"But when the king came in to see the guests, he noticed a man there who was not wearing wedding clothes.

22:12

'이 사람아, 그대는 어떻게 여기에 들어왔는가?' 하니,

'Friend,' he asked, 'how did you get in here

'이 사람아, 그대는 혼인 예복을 입지 않았는데, 어떻게 여기에 들어왔는가?' 하니,

'Friend,' he asked, 'how did you get in here **without wedding clothes?**'

'이 사람아, 그대는 혼인 예복을 입지 않았는데, 어떻게 여기에 들어왔는가?' 하니, 그는 아무 말도 하지 못하였다.
'Friend,' he asked, 'how did you get in here without wedding clothes?'
The man was speechless.

'Friend,' he asked, 'how did you get in here without wedding clothes?'
The man was speechless.

•22:13

그때에 임금이 종들에게 분부하였다.
"Then the king told the attendants,

그때에 임금이 종들에게 분부하였다. '이 사람의 손발을 묶어서, 바깥 어두운 데로 내던져라.
"Then the king told the attendants, **'Tie him hand and foot, and throw him outside, into the darkness,**

그때에 임금이 종들에게 분부하였다. '이 사람의 손발을 묶어서, 바깥 어두운 데로 내던져라. 거기에서 슬피 울며 이를 갈 것이다.'
"Then the king told the attendants, 'Tie him hand and foot, and throw him outside, into the darkness, **where there will be weeping and gnashing of teeth.'**

"Then the king told the attendants, 'Tie him hand and foot, and throw him outside, into the darkness, where there will be weeping and gnashing of teeth.'

부름받은 사람은 많으나,
"For many are invited,

부름받은 사람은 많으나, 뽑힌 사람은 적다."
"For many are invited, **but few are chosen."**

"For many are invited, but few are chosen."

parable n. 우화 | banquet n. 연회 | fatten v. 살찌우다, 살찌다 | butcher v. 도살하다
mistreat v. 학대하다 | enrage v. 격분하게 만들다 | attendant n. 종업원

말씀 읊조리기 – 1단계
각 절의 시작하는 단어를 보면서 외운 말씀 전체를 소리 내어 읊조리십시오.

1 Jesus spoke to
2 "The kingdom of heaven
3 He sent his servants
4 "Then he sent
5 "But they paid
6 The rest seized
7 The king was enraged.
8 "Then he said to his servants,
9 Go to the street corners
10 So the servants went
11 "But when the king
12 'Friend,' he asked, 'how did you
13 "Then the king told the attendants,

14 "For many are invited,

말씀 읊조리기 – 2단계
우리말 본문을 눈으로 읽으면서 영어로 소리 내어 읊조리십시오.

1 예수께서 다시 여러 가지 비유로 그들에게 말씀하셨다.

2 "하늘나라는 자기 아들의 혼인 잔치를 베푼 어떤 임금에게 비길 수 있다.

3 임금이 자기 종들을 보내서, 초대받은 사람들을 잔치에 불러오게 하였는데, 그들은 오려고 하지 않았다.

4 그래서 다시 다른 종들을 보내며, 이렇게 말하였다. '초대받은 사람들에게로 가서, 음식을 다 차리고, 황소와 살진 짐승을 잡아서 모든 준비를 마쳤으니, 어서 잔치에 오시라고 하여라.'

5 그런데 초대받은 사람들은, 그 말을 들은 척도 하지 않고, 저마다 제 갈 곳으로 떠나갔다. 한 사람은 자기 밭으로 가고, 한 사람은 장사하러 갔다.

6 그리고 나머지 사람들은 그의 종들을 붙잡아서, 모욕하고 죽였다.

7 임금은 노해서, 자기 군대를 보내서 그 살인자들을 죽이고, 그들의 도시를 불살라버렸다.

8 그리고 자기 종들에게 말하였다. '혼인 잔치는 준비되었는데, 초대받은 사람들은 이것을 받을 만한 자격이 없다.

9 그러니 너희는 네 거리로 나가서, 아무나, 만나는 대로 잔치에 청해 오너라.'

10 종들은 큰길로 나가서, 악한 사람이나, 선한 사람이나, 만나는 대로 다 데려왔다. 그래서 혼인 잔치 자리는 손님으로 가득 차게 되었다.

11 임금이 손님들을 만나러 들어갔다가, 거기에 혼인 예복을 입지 않은 사람이 한 명 있는 것을 보고 그에게 묻기를,

12 '이 사람아, 그대는 혼인 예복을 입지 않았는데, 어떻게 여기에 들어왔는가?' 하니, 그는 아무 말도 하지 못하였다.

13 그때에 임금이 종들에게 분부하였다. '이 사람의 손발을 묶어서, 바깥 어두운 데로 내던져라. 거기서 슬피 울며 이를 갈 것이다.'

14 부름받은 사람은 많으나, 뽑힌 사람은 적다."

묵상하기 – 혼인 잔치에 초대되다
외운 말씀을 되새기며 성령께서 말씀하시는 소리에 귀를 기울이십시오.

초대받은 사람들은 혼인 잔치에 오지 않았다. 그들은 오겠노라 대답했던 사람들이었다. 그러기에 주인은 초대장을 받은 수만큼 자리를 마련하고 음식을 준비했다. 하지만 그들은 임금의 부름에는 무관심했다. 왕자의 혼인 잔치보다 자신들의 일상과 돈 버는 것을 더 귀하게 여겼다. 게다가 일부는 왕의 종들을 붙잡아 모욕하고 죽였다.

결국 그들에게 돌아온 대가는 처절했다. 임금이 보낸 군대가 그들을 죽이고 도시를 불살랐다. 이는 장차 지옥에 떨어질 사람들을 비유한다.

가룻 유다가 죽은 날 십자가에 달린 한 강도가 구원받은 것처럼, 왕의 초대를 거절한 사람들을 대신해 잔치에 참석한 사람들은 다 구원받은 자들이다.

하지만 혼인 예복을 입지 않은 사람들은 제외이다. 왕의 초대를 받은 사람은 어떤 이유가 있던 예복을 갖추어 입어야 한다. 예복은 옳은 행실, 즉 순종하는 삶을 뜻한다.

순종 노트
순종해야 할 일이 생각났으면 적고 행하십시오. 믿음과 순종은 하나여야 합니다.

그러나 끝까지 견디는 사람은 구원을 얻을 것이다 (24:1-14)

말씀 읽기

전체 내용이 이해될 때까지 본문을 소리 내어 또박또박 읽으십시오.

1 예수께서 성전에서 나와서 걸어가시는데, 제자들이 다가와서, 성전 건물을 그에게 가리켜보였다.

2 예수께서 그들에게 말씀하셨다. "너희는 이 모든 것을 보고 있지 않으냐? 내가 진정으로 너희에게 말한다. 여기에 돌 하나도 돌 위에 남아 있지 않고 다 무너질 것이다."

3 예수께서 올리브 산에 앉아 계실 때에, 제자들이 따로 그에게 다가와서 말하였다. "이런 일들이 언제 일어나겠습니까? 선생님께서 다시 오시는 때와 세상 끝 날에는 어떤 징조가 있겠습니까? 우리에게 말씀해주십시오."

4 예수께서 그들에게 말씀하셨다. "누구에게도 속지 않도록 조심하여라.

5 많은 사람이 내 이름으로 와서 말하기를 '내가 그리스도이다' 하면서, 많은 사람을 속일 것이다.

6 또 너희는 여기저기서 전쟁이 일어난 소식과 전쟁이 일어나리라는 소문을 들을 것이다. 너희는 당황하지 않도록 주의하여라. 이런 일이 반드시 일어나야 한다. 그러나 아직 끝은 아니다.

7 민족이 민족을 거슬러 일어나고, 나라가 나라를 거슬러 일어날 것이며, 여기저기서 기근과 지진이 있을 것이다.

8 그런데 이런 모든 일은 진통의 시작이다."

9 "그때에 사람들이 너희를 환난에 넘겨줄 것이며, 너희를 죽일 것이다. 또 너희

는 내 이름 때문에, 모든 민족에게 미움을 받을 것이다.

10 또 많은 사람이 걸려서 넘어질 것이요, 서로 넘겨주고, 서로 미워할 것이다.

11 또 거짓 예언자들이 많이 일어나서, 많은 사람을 홀릴 것이다.

12 그리고 불법이 성하여, 많은 사람의 사랑이 식을 것이다.

13 그러나 끝까지 견디는 사람은 구원을 얻을 것이다.

14 이 하늘나라의 복음이 온 세상에 전파되어서, 모든 민족에게 증언될 것이다. 그때에야 끝이 올 것이다."

말씀 외우기

우리말로 먼저 읽고 영문으로 크게 소리 내어 읽으며 천천히 정확하게 외우십시오.

24:1

예수께서 성전에서 나와서 걸어가시는데,

Jesus left the temple and was walking away

예수께서 성전에서 나와서 걸어가시는데, 제자들이 다가와서,

Jesus left the temple and was walking away **when his disciples came up to him**

예수께서 성전에서 나와서 걸어가시는데, 제자들이 다가와서, 성전 건물을 그에게 가리켜보였다.

Jesus left the temple and was walking away when his disciples came up to him **to call his attention to its buildings.**

Jesus left the temple and was walking away when his disciples came up to him to call his attention to its buildings.

24:2

예수께서 그들에게 말씀하셨다. "너희는 이 모든 것을 보고 있지 않으냐?
"Do you see all these things?" he asked.

예수께서 그들에게 말씀하셨다. "너희는 이 모든 것을 보고 있지 않으냐? 내가
진정으로 너희에게 말한다. 여기에 돌 하나도 돌 위에 남아 있지 않고
"Do you see all these things?" he asked. **"I tell you the truth, not one
stone here will be left on another;**

예수께서 그들에게 말씀하셨다. "너희는 이 모든 것을 보고 있지 않으냐? 내가
진정으로 너희에게 말한다. 여기에 돌 하나도 돌 위에 남아 있지 않고 다 무너
질 것이다."
"Do you see all these things?" he asked. "I tell you the truth, not one
stone here will be left on another; **every one will be thrown down."**

**"Do you see all these things?" he asked. "I tell you the truth, not one
stone here will be left on another; every one will be thrown down."**

•24:3

예수께서 올리브 산에 앉아 계실 때에,
As Jesus was sitting on the Mount of Olives,

예수께서 올리브 산에 앉아 계실 때에, 제자들이 따로 그에게 다가와서 말하
였다.
As Jesus was sitting on the Mount of Olives, **the disciples came to him
privately.**

예수께서 올리브 산에 앉아 계실 때에, 제자들이 따로 그에게 다가와서 말하
였다. "이런 일들이 언제 일어나겠습니까? 어떤 징조가 있겠습니까? 우리에게
말씀해주십시오."

As Jesus was sitting on the Mount of Olives, the disciples came to him privately. **"Tell us," they said, "when will this happen, and what will be the sign**

예수께서 올리브 산에 앉아 계실 때에, 제자들이 따로 그에게 다가와서 말하였다. "이런 일들이 언제 일어나겠습니까? 선생님께서 다시 오시는 때와 세상 끝 날에는 어떤 징조가 있겠습니까? 우리에게 말씀해주십시오."
As Jesus was sitting on the Mount of Olives, the disciples came to him privately. "Tell us," they said, "when will this happen, and what will be the sign **of your coming and of the end of the age?"**

As Jesus was sitting on the Mount of Olives, the disciples came to him privately. "Tell us," they said, "when will this happen, and what will be the sign of your coming and of the end of the age?"

24:4

예수께서 그들에게 말씀하셨다. 조심하여라.
Jesus answered: "Watch out

예수께서 대답하셨다. "누구에게도 속지 않도록 조심하여라.
Jesus answered: "Watch out **that no one deceives you.**

Jesus answered: "Watch out that no one deceives you.

24:5

많은 사람이 내 이름으로 와서 말하기를
For many will come in my name, claiming,

많은 사람이 내 이름으로 와서 말하기를 '내가 그리스도이다' 하면서, 많은 사람을 속일 것이다.

For many will come in my name, claiming, **'I am the Christ,'** and will deceive many.

For many will come in my name, claiming, 'I am the Christ,' and will deceive many.

---•**24:6**

또 너희는 여기저기서 전쟁이 일어난 소식과 전쟁이 일어나리라는 소문을 들을 것이다.

You will hear of wars and rumors of wars,

또 너희는 여기저기서 전쟁이 일어난 소식과 전쟁이 일어나리라는 소문을 들을 것이다. 너희는 당황하지 않도록 주의하여라.

You will hear of wars and rumors of wars, **but see to it that you are not alarmed.**

또 너희는 여기저기서 전쟁이 일어난 소식과 전쟁이 일어나리라는 소문을 들을 것이다. 너희는 당황하지 않도록 주의하여라. 이런 일이 반드시 일어나야 한다. 그러나 아직 끝은 아니다.

You will hear of wars and rumors of wars, but see to it that you are not alarmed. **Such things must happen, but the end is still to come.**

You will hear of wars and rumors of wars, but see to it that you are not alarmed. Such things must happen, but the end is still to come.

24:7

민족이 민족을 거슬러 일어나고,
Nation will rise against nation,

민족이 민족을 거슬러 일어나고, 나라가 나라를 거슬러 일어날 것이며,
Nation will rise against nation, **and kingdom against kingdom.**

민족이 민족을 거슬러 일어나고, 나라가 나라를 거슬러 일어날 것이며, 여기저기서 기근과 지진이 있을 것이다.
Nation will rise against nation, and kingdom against kingdom. **There will be famines and earthquakes in various places.**

Nation will rise against nation, and kingdom against kingdom. There will be famines and earthquakes in various places.

24:8

그런데 이런 모든 일은 진통의 시작이다."
All these are the beginning of birth pains.

All these are the beginning of birth pains.

24:9

"그때에 사람들이 너희를 환난에 넘겨줄 것이며,
"Then you will be handed over to be persecuted

"그때에 사람들이 너희를 환난에 넘겨줄 것이며, 너희를 죽일 것이다.
"Then you will be handed over to be persecuted **and put to death,**

264

"그때에 사람들이 너희를 환난에 넘겨줄 것이며, 너희를 죽일 것이다. 또 너희는 내 이름 때문에, 모든 민족에게 미움을 받을 것이다.
"Then you will be handed over to be persecuted and put to death, **and you will be hated by all nations because of me.**

"Then you will be handed over to be persecuted and put to death, and you will be hated by all nations because of me.

• **24:10**

또 많은 사람이 걸려서 넘어질(믿음을 잃을) 것이요,
At that time many will turn away from the faith

또 많은 사람이 걸려서 넘어질 것이요, 서로 넘겨주고, 서로 미워할 것이다.
At that time many will turn away from the faith **and will betray and hate each other,**

At that time many will turn away from the faith and will betray and hate each other,

• **24:11**

또 거짓 예언자들이 많이 일어나서,
and many false prophets will appear

또 거짓 예언자들이 많이 일어나서, 많은 사람을 홀릴 것이다.
and many false prophets will appear **and deceive many people.**

and many false prophets will appear and deceive many people.

그리고 불법이 성하여,

Because of the increase of wickedness,

그리고 불법이 성하여, 많은 사람의 사랑이 식을 것이다.
Because of the increase of wickedness, **the love of most will grow cold,**

Because of the increase of wickedness, the love of most will grow cold,

그러나 끝까지 견디는 사람은

but he who stands firm to the end

그러나 끝까지 견디는 사람은 구원을 얻을 것이다.
but he who stands firm to the end **will be saved.**

but he who stands firm to the end will be saved.

이 하늘나라의 복음이 온 세상에 전파되어서,

And this gospel of the kingdom will be preached in the whole world

이 하늘나라의 복음이 온 세상에 전파되어서, 모든 민족에게 증언될 것이다.
And this gospel of the kingdom will be preached in the whole world **as a testimony to all nations,**

이 하늘나라의 복음이 온 세상에 전파되어서, 모든 민족에게 증언될 것이다. 그때에야 끝이 올 것이다."

And this gospel of the kingdom will be preached in the whole world as a testimony to all nations, **and then the end will come.**

And this gospel of the kingdom will be preached in the whole world as a testimony to all nations, and then the end will come.

---

betray v. 넘겨주다, 배신하다

말씀 읊조리기 – 1단계

각 절의 시작하는 단어를 보면서 외운 말씀 전체를 소리 내어 읊조리십시오.

1 Jesus left the temple
2 "Do you see all these things?"
3 As Jesus was sitting on
4 Jesus answered:
5 For many will come
6 You will hear of wars
7 Nation will rise against nation,
8 All these are the beginning of birth pains.
9 "Then you will be handed
10 At that time many will turn
11 and many false prophets
12 Because of the increase of wickedness,
13 but he who stands firm
14 And this gospel of the kingdom

1 예수께서 성전에서 나와서 걸어가시는데, 제자들이 다가와서, 성전 건물을 예수께 가리켜보였다.

2 예수께서 그들에게 말씀하셨다. "너희는 이 모든 것을 보고 있지 않으냐? 내가 진정으로 너희에게 말한다. 여기에 돌 하나도 돌 위에 남아 있지 않고 다 무너질 것이다."

3 예수께서 올리브 산에 앉아 계실 때에, 제자들이 따로 그에게 다가와서 여쭈었다. "이런 일들이 언제 일어나겠습니까? 선생님께서 다시 오시는 때와 세상 끝 날에는 어떤 징조가 있을 것인지를, 저희에게 말씀해주십시오."

4 예수께서 대답하셨다. "누구에게도 속지 않도록 조심하여라.

5 많은 사람이 내 이름으로 와서는 '내가 그리스도다' 하면서, 많은 사람을 속일 것이다.

6 또 너희는 여기저기서 전쟁이 일어난 소식과 전쟁이 일어나리라는 소문을 들을 것이다. 너희는 당황하지 않도록 주의하여라. 이런 일이 반드시 일어나야 한다. 그러나 아직 끝은 아니다.

7 민족이 민족을 거슬러 일어나고, 나라가 나라를 거슬러 일어날 것이며, 곳곳에 기근과 지진이 있을 것이다.

8 그런데 이런 모든 일은 진통의 시작이다.

9 그때에 사람들이 너희를 환난에 넘겨 줄 것이며, 너희를 죽일 것이다. 너희는 내 이름 때문에 모든 민족에게 미움을 받을 것이다.

10 또 많은 사람이 걸려 넘어질 것이요, 서로 넘겨주고 서로 미워할 것이다.

11 또 거짓 예언자들이 많이 일어나서, 많은 사람을 홀릴 것이다.

12 그리고 불법이 성하여, 많은 사람의 사랑이 식을 것이다.

13 그러나 끝까지 견디는 사람은 구원을 받을 것이다.

14 이 하늘나라의 복음이 온 세상에 전파되어서, 모든 민족에게 증언될 것이며, 그때에야 끝이 올 것이다."

묵상하기 – 마지막 때에 일어날 일

외운 말씀을 되새기며 성령께서 말씀하시는 소리에 귀를 기울이십시오.

주님은 마지막 때에 일어날 일들을 말씀하신다. 마지막 때에는 거짓 그리스도가 나타나 사람들을 미혹할 것이고, 전쟁이 일어나며 전쟁의 소문이 여기저기서 들린다.

하지만 그것으로 끝이 아니다. 기근과 지진이 일어날 것인데 그것은 진통의 시작일 뿐이다. 그리고 믿는 자들에게 환란이 임하여 죽임을 당하며 모든 민족에게 미움을 받게 된다. 그리고 거짓 예언자들이 일어나 세상을 미혹에 빠뜨릴 것이다. 그리고 세상은 불법이 성하며 사랑이 식어 미움이 가득할 것이다.

이때 하나님의 사람들은 놀라지 말고 끝까지 견뎌야 한다. 믿는 자들에겐 주님이 계시기에 참고 인내하며 열심히 하늘나라의 복음을 전해야 한다. 천국이 가까웠음을 잊지 말자.

 순종 노트

순종해야 할 일이 생각났으면 적고 행하십시오. 믿음과 순종은 하나여야 합니다.

신랑이 온다. 나와서 맞이하여라
(25:1-13)

말씀 읽기

전체 내용이 이해될 때까지 본문을 소리 내어 또박또박 읽으십시오.

1 "그런데, 하늘나라는 저마다 등불을 들고 신랑을 맞으러 나간 열 처녀에 비길 수 있을 것이다.

2 그 가운데서 다섯은 어리석고, 다섯은 슬기로웠다.

3 어리석은 처녀들은 등불은 가졌으나, 기름은 갖고 있지 않았다.

4 그러나 슬기로운 처녀들은 자기들의 등불과 함께 통에 기름도 마련하였다.

5 신랑이 늦어지니, 처녀들은 모두 졸다가 잠이 들었다.

6 그런데 한밤중에 외치는 소리가 났다. '보아라, 신랑이다. 나와서 맞이하여라.'

7 그때에 그 처녀들이 모두 일어나서, 제 등불을 손질하였다.

8 미련한 처녀들이 슬기로운 처녀들에게 말하기를 '우리 등불이 꺼져가니, 너희의 기름을 좀 나누어 다오' 하였다.

9 그러나 슬기로운 처녀들이 대답을 하였다. '그렇게 하면, 우리에게나 너희에게나 다 모자랄 터이니, 안 된다. 차라리 기름 장수들에게 가서, 사서 써라.'

10 미련한 처녀들이 기름을 사러 간 사이에 신랑이 왔다. 준비하고 있던 처녀들은 신랑과 함께 혼인 잔치에 들어가고, 문은 닫혔다.

11 그 뒤에 나머지 처녀들이 와서 '주님, 주님, 문을 열어주십시오' 하고 애원하였다.

12 그러나 신랑이 대답하기를 '내가 진정으로 너희에게 말한다. 나는 너희를 알지 못한다' 하였다.

13 그러므로 깨어 있어라. 너희는 그날과 그 시각을 알지 못하기 때문이다."

말씀 외우기
우리말로 먼저 읽고 영문으로 크게 소리 내어 읽으며 천천히 정확하게 외우십시오.

25:1

"그런데, 하늘나라는 비길 수 있을 것이다.
"At that time the kingdom of heaven will be like

"그런데, 하늘나라는 저마다 등불을 들고 나간 열 처녀에 비길 수 있을 것이다.
"At that time the kingdom of heaven will be like **ten virgins who took their lamps**

"그런데, 하늘나라는 저마다 등불을 들고 신랑을 맞으러 나간 열 처녀에 비길 수 있을 것이다.
"At that time the kingdom of heaven will be like ten virgins who took their lamps **and went out to meet the bridegroom.**

"At that time the kingdom of heaven will be like ten virgins who took their lamps and went out to meet the bridegroom.

25:2

그 가운데서 다섯은 어리석고, 다섯은 슬기로웠다.
Five of them were foolish and five were wise.

Five of them were foolish and five were wise.

• 25:3

어리석은 처녀들은 등불은 가졌으나,

The foolish ones took their lamps

어리석은 처녀들은 등불은 가졌으나, 기름은 갖고 있지 않았다.

The foolish ones took their lamps **but did not take any oil with them.**

The foolish ones took their lamps but did not take any oil with them.

• 25:4

그러나 슬기로운 처녀들은 통에 기름도 마련하였다.

The wise, however, took oil in jars

그러나 슬기로운 처녀들은 자기들의 등불과 함께 통에 기름도 마련하였다.

The wise, however, took oil in jars **along with their lamps.**

The wise, however, took oil in jars along with their lamps.

• 25:5

신랑이 늦어지니,

The bridegroom was a long time in coming,

신랑이 늦어지니, 처녀들은 모두 졸다가 잠이 들었다.

The bridegroom was a long time in coming, **and they all became drowsy and fell asleep.**

The bridegroom was a long time in coming, and they all became drowsy and fell asleep.

272

그런데 한밤중에 외치는 소리가 났다.
"At midnight the cry rang out:

그런데 한밤중에 외치는 소리가 났다. '보아라, 신랑이다. 나와서 맞이하여라.'
"At midnight the cry rang out: **'Here's the bridegroom! Come out to meet him!'**

"At midnight the cry rang out: 'Here's the bridegroom! Come out to meet him!'

그때에 그 처녀들이 모두 일어나서,
"Then all the virgins woke up

그때에 그 처녀들이 모두 일어나서, 제 등불을 손질하였다.
"Then all the virgins woke up **and trimmed their lamps.**

"Then all the virgins woke up and trimmed their lamps.

미련한 처녀들이 슬기로운 처녀들에게 말하기를
The foolish ones said to the wise,

미련한 처녀들이 슬기로운 처녀들에게 말하기를 너희의 기름을 좀 나누어 다오' 하였다.
The foolish ones said to the wise, **'Give us some of your oil;**

마태복음
20장~28장

273

미련한 처녀들이 슬기로운 처녀들에게 말하기를 '우리 등불이 꺼져가니, 너희의 기름을 좀 나누어 다오' 하였다.
The foolish ones said to the wise, 'Give us some of your oil; **our lamps are going out.'**

The foolish ones said to the wise, 'Give us some of your oil; our lamps are going out.'

The foolish ones said to the wise, 'Give us some of your oil; our lamps are going out.'

25:9

그러나 슬기로운 처녀들이 대답을 하였다. '그렇게 하면, 우리에게나 너희에게나 다 모자랄 터이니, 안 된다.
"'No,' they replied, 'there may not be enough for both us and you.

그러나 슬기로운 처녀들이 대답을 하였다. '그렇게 하면, 우리에게나 너희에게나 다 모자랄 터이니, 안 된다. 차라리 기름 장수들에게 가서, 사서 써라.'
"'No,' they replied, 'there may not be enough for both us and you. **Instead, go to those who sell oil and buy some for yourselves.'**

"'No,' they replied, 'there may not be enough for both us and you. Instead, go to those who sell oil and buy some for yourselves.'

25:10

미련한 처녀들이 기름을 사러 간 사이에
"But while they were on their way to buy the oil,

미련한 처녀들이 기름을 사러 간 사이에 신랑이 왔다.
"But while they were on their way to buy the oil, **the bridegroom arrived.**

274

미련한 처녀들이 기름을 사러 간 사이에 신랑이 왔다. 준비하고 있던 처녀들은
"But while they were on their way to buy the oil, the bridegroom arrived. **The virgins who were ready**

미련한 처녀들이 기름을 사러 간 사이에 신랑이 왔다. 준비하고 있던 처녀들은 신랑과 함께 혼인 잔치에 들어가고,
"But while they were on their way to buy the oil, the bridegroom arrived. The virgins who were ready **went in with him to the wedding banquet.**

미련한 처녀들이 기름을 사러 간 사이에 신랑이 왔다. 준비하고 있던 처녀들은 신랑과 함께 혼인 잔치에 들어가고, 문은 닫혔다.
"But while they were on their way to buy the oil, the bridegroom arrived. The virgins who were ready went in with him to the wedding banquet. **And the door was shut.**

"But while they were on their way to buy the oil, the bridegroom arrived. The virgins who were ready went in with him to the wedding banquet. And the door was shut.

• 25:11

그 뒤에 나머지 처녀들이 와서
"Later the others also came.

그 뒤에 나머지 처녀들이 와서 '주님, 주님, 문을 열어주십시오' 하고 애원하였다.
"Later the others also came. 'Lord, Lord,' they said, 'Open the door for us!

"Later the others also came. 'Lord, Lord,' they said, 'Open the door for us!

25:12

그러나 신랑이 대답하기를 '내가 너희에게 진정으로 말한다.
"But he replied, 'I tell you the truth,

그러나 그는 대답하여 말하기를 '내가 너희에게 진정으로 말한다. 나는 너희를 알지 못한다' 하였다.
"But he replied, 'I tell you the truth, **I don't know you.'**

"But he replied, 'I tell you the truth, I don't know you.'

25:13

그러므로 깨어 있어라.
"Therefore keep watch,

그러므로 깨어 있어라. 너희는 그날과 그 시각을 알지 못하기 때문이다."
"Therefore keep watch, **because you do not know the day or the hour.**

"Therefore keep watch, because you do not know the day or the hour.

---

drowsy adj. 졸리는 | ring out v. 크게 울리다

말씀 읊조리기 – 1단계

각 절의 시작하는 단어를 보면서 외운 말씀 전체를 소리 내어 읊조리십시오.

1   "At that time the kingdom

2   Five of them

3   The foolish ones took

4   The wise, however,

5   The bridegroom was

6   "At midnight the cry rang out:

7   "Then all the virgins woke up

8   The foolish ones said

9   "'No,' they replied,

10   "But while they were on their way

11   "Later the others

12   "But he replied,

13   "Therefore keep watch,

말씀 읊조리기 – 2단계

우리말 본문을 눈으로 읽으면서 영어로 소리 내어 읊조리십시오.

1 "그런데, 하늘나라는 저마다 등불을 들고 신랑을 맞으러 나간 열 처녀에 비길 수 있을 것이다.

2 그 가운데서 다섯은 어리석고, 다섯은 슬기로웠다.

3 어리석은 처녀들은 등불은 가졌으나, 기름은 갖고 있지 않았다.

4 그러나 슬기로운 처녀들은 자기들의 등불과 함께 통에 기름도 마련하였다.

5 신랑이 늦어지니, 처녀들은 모두 졸다가 잠이 들었다.

6 그런데 한밤중에 외치는 소리가 났다. '보아라, 신랑이다. 나와서 맞이하여라.'

7 그때에 그 처녀들이 모두 일어나서, 제 등불을 손질하였다.

8 미련한 처녀들이 슬기로운 처녀들에게 말하기를 '우리 등불이 꺼져가니, 너희

의 기름을 좀 나누어 다오' 하였다.

9 그러나 슬기로운 처녀들이 대답을 하였다. '그렇게 하면, 우리에게나 너희에게나 다 모자랄 터이니, 안 된다. 차라리 기름 장수들에게 가서, 사서 써라.'

10 미련한 처녀들이 기름을 사러 간 사이에 신랑이 왔다. 준비하고 있던 처녀들은 신랑과 함께 혼인 잔치에 들어가고, 문은 닫혔다.

11 그 뒤에 나머지 처녀들이 와서 '주님, 주님, 문을 열어주십시오' 하고 애원하였다.

12 그러나 신랑이 대답하기를 '내가 진정으로 너희에게 말한다. 나는 너희를 알지 못한다' 하였다.

13 그러므로 깨어 있어라. 너희는 그날과 그 시각을 알지 못하기 때문이다."

묵상하기 – 슬기로운 다섯 처녀
외운 말씀을 되새기며 성령께서 말씀하시는 소리에 귀를 기울이십시오.

신랑을 기다리는 열 명은 모두 처녀였다. 처녀가 아니면 신랑을 기다리지 않기 때문이다. 이 이야기는 불신자들을 대상으로 한 것이 아니다. 믿는 자들에게 하시는 말씀이다. 열 명 중 슬기로운 다섯 처녀만이 신랑을 맞이한다.

믿는 자들이라고 다 천국에 가는 것이 아니다. 천국에 들어가는 기준은 등에 든 기름이다. 등에 기름이 있는 슬기로운 처녀들만이 그 잔치에 들어간다. 기름은 성령님이다.

성령 충만한 사람들이 천국에 간다. 늘 하나님과 함께하는 사람들이다. 하나님 아버지의 뜻대로 행하는 사람들이다. 성령 안에 있는 사람들만이 아버지의 말씀에 순종할 수 있다.

나더러 주여 주여 하는 자마다 천국에 갈 것이 아니라 다만 하나님 아버지의 뜻대로 행하는 자라야 천국에 들어간다고 주님께서 친히 말씀하셨다. (마 7:21 참조)

순종 노트

순종해야 할 일이 생각났으면 적고 행하십시오. 믿음과 순종은 하나여야 합니다.

착하고 신실한 종아, 잘했다!
(25:14-30)

말씀 읽기
전체 내용이 이해될 때까지 본문을 소리 내어 또박또박 읽으십시오.

14 "또 하늘나라는 이런 사정과 같다. 어떤 사람이 여행을 떠나면서, 자기 종들을 불러서, 자기의 재산을 그들에게 맡겼다.

15 그는 각 사람의 능력을 따라, 한 사람에게는 다섯 달란트를 주고, 또 한 사람에게는 두 달란트를 주고, 또 다른 한 사람에게는 한 달란트를 주고 떠났다.

16 다섯 달란트를 받은 사람은 곧 가서, 그것으로 장사를 하여, 다섯 달란트를 더 벌었다.

17 두 달란트를 받은 사람도 그와 같이 하여, 두 달란트를 더 벌었다.

18 그러나 한 달란트 받은 사람은 가서, 땅을 파고, 주인의 돈을 숨겼다.

19 오랜 뒤에, 그 종들의 주인이 돌아와서, 그들과 셈을 하게 되었다.

20 다섯 달란트를 받은 사람은 다섯 달란트를 더 가지고 와서 말하기를 '주인님, 주인께서 다섯 달란트를 내게 맡기셨는데, 보십시오, 다섯 달란트를 더 벌었습니다' 하였다.

21 그의 주인이 그에게 말하였다. '잘했다! 착하고 신실한 종아. 네가 적은 일에 신실하였으니, 이제 내가 많은 일을 네게 맡기겠다. 와서, 주인과 함께 기쁨을 누려라.'

22 두 달란트를 받은 사람도 다가와서 '주인님, 주인님께서 두 달란트를 내게 맡기셨는데, 보십시오, 두 달란트를 더 벌었습니다' 하고 말하였다.

23 그의 주인이 그에게 말하였다. '잘했다! 착하고, 신실한 종아! 네가 적은 일에

신실하였으니, 이제 내가 많은 일을 네게 맡기겠다. 와서, 주인과 함께 기쁨을 누려라.'

24 그러나 한 달란트를 받은 사람은 다가와서 말하였다. '주인님, 나는, 주인이 굳은 분이시라, 심지 않은 데서 거두시고, 뿌리지 않은 데서 모으시는 줄로 알고,
25 무서워하여 물러가서, 그 달란트를 땅에 숨겨두었습니다. 보십시오, 여기에 그 돈이 있으니, 받으십시오.'

26 그러자 그의 주인이 그에게 말하였다. '악하고 게으른 종아, 너는 내가 심지 않은 데서 거두고, 뿌리지 않은 데서 모으는 줄 알았다.

27 그렇다면, 너는 내 돈을 돈놀이하는 사람에게 맡겼어야 했다. 그랬더라면, 내가 와서, 내 돈에 이자를 붙여 받았을 것이다.

28 그에게서 그 한 달란트를 빼앗아서, 열 달란트 가진 사람에게 주어라.

29 가진 사람에게는 더 주어서 넘치게 하고, 갖지 못한 사람에게서는 있는 것마저 빼앗을 것이다.

30 이 쓸모없는 종을 바깥 어두운 데로 내쫓아라. 거기서 슬피 울며 이를 가는 일이 있을 것이다.'"

말씀 외우기
우리말로 먼저 읽고 영문으로 크게 소리 내어 읽으며 천천히 정확하게 외우십시오.

25:14

"또 하늘나라는 이런 사정과 같다. 어떤 사람이 여행을 떠나면서,
"Again, it will be like a man going on a journey,

"또 하늘나라는 이런 사정과 같다. 어떤 사람이 여행을 떠나면서, 자기 종들을 불러서,
"Again, it will be like a man going on a journey, **who called his servants**

"또 하늘나라는 이런 사정과 같다. 어떤 사람이 여행을 떠나면서, 자기 종들을 불러서, 자기의 재산을 그들에게 맡겼다.

"Again, it will be like a man going on a journey, who called his servants and entrusted his property to them.

"Again, it will be like a man going on a journey, who called his servants and entrusted his property to them.

• **25:15**

한 사람에게는 다섯 달란트를 주고,
To one he gave five talents of money,

한 사람에게는 다섯 달란트를 주고, 또 한 사람에게는 두 달란트를 주고, 또 다른 한 사람에게는 한 달란트를 주고
To one he gave five talents of money, **to another two talents, and to another one talent,**

그는 각 사람의 능력에 따라, 한 사람에게는 다섯 달란트를 주고, 또 한 사람에게는 두 달란트를 주고, 또 다른 한 사람에게는 한 달란트를 주고
To one he gave five talents of money, to another two talents, and to another one talent, **each according to his ability.**

그는 각 사람의 능력에 따라, 한 사람에게는 다섯 달란트를 주고, 또 한 사람에게는 두 달란트를 주고, 또 다른 한 사람에게는 한 달란트를 주고 떠났다.
To one he gave five talents of money, to another two talents, and to another one talent, each according to his ability. **Then he went on his journey.**

To one he gave five talents of money, to another two talents, and to another one talent, each according to his ability. Then he went on his journey.

다섯 달란트를 받은 사람은

The man who had received five talents

다섯 달란트를 받은 사람은 곧 가서, 그것으로 장사를 하여,

The man who had received five talents **went at once and put his money to work**

다섯 달란트를 받은 사람은 곧 가서, 그것으로 장사를 하여, 다섯 달란트를 더 벌었다.

The man who had received five talents went at once and put his money to work **and gained five more.**

The man who had received five talents went at once and put his money to work and gained five more.

두 달란트를 받은 사람도 그와 같이 하여, 두 달란트를 더 벌었다.

So also, the one with two talents gained two more.

So also, the one with two talents gained two more.

그러나 한 달란트 받은 사람은

But the man who had received one talent

그러나 한 달란트 받은 사람은 가서, 땅을 파고,

But the man who had received one talent **went off, dug a hole** in the ground

그러나 한 달란트 받은 사람은 가서, 땅을 파고, 주인의 돈을 숨겼다.
But the man who had received one talent went off, dug a hole in the ground **and hid his master's money.**

But the man who had received one talent went off, dug a hole in the ground and hid his master's money.

•**25:19**

오랜 뒤에, 그 종들의 주인이 돌아와서,
"After a long time the master of those servants returned

오랜 뒤에, 그 종들의 주인이 돌아와서, 그들과 셈을 하게 되었다.
"After a long time the master of those servants returned **and settled accounts with them.**

"After a long time the master of those servants returned and settled accounts with them.

•**25:20**

다섯 달란트를 받은 사람은 다섯 달란트를 더 가지고 와서
The man who had received the five talents brought the other five.

다섯 달란트를 받은 사람은 다섯 달란트를 더 가지고 와서 말하기를 '주인님, 주인님께서 다섯 달란트를 내게 맡기셨는데,
The man who had received the five talents brought the other five.
'Master,' he said, 'you entrusted me with five talents.

284

다섯 달란트를 받은 사람은 다섯 달란트를 더 가지고 와서 말하기를 '주인님, 주인님께서 다섯 달란트를 내게 맡기셨는데, 보십시오, 다섯 달란트를 더 벌었습니다' 하였다.

The man who had received the five talents brought the other five. 'Master,' he said, 'you entrusted me with five talents. **See, I have gained five more.'**

The man who had received the five talents brought the other five. 'Master,' he said, 'you entrusted me with five talents. See, I have gained five more.'

● **25:21**

그의 주인이 그에게 말하였다. '잘했다! 착하고 신실한 종아,

"His master replied, 'Well done, good and faithful servant!

그의 주인이 그에게 말하였다. '잘했다! 착하고 신실한 종아, 네가 적은 일에 신실하였으니,

"His master replied, 'Well done, good and faithful servant! **You have been faithful with a few things;**

그의 주인이 그에게 말하였다. '잘했다! 착하고 신실한 종아, 네가 적은 일에 신실하였으니, 이제 내가 많은 일을 네게 맡기겠다.

"His master replied, 'Well done, good and faithful servant! You have been faithful with a few things; **I will put you in charge of many things.**

그의 주인이 그에게 말하였다. '잘했다! 착하고 신실한 종아, 네가 적은 일에 신실하였으니, 이제 내가 많은 일을 네게 맡기겠다. 와서, 주인과 함께 기쁨을 누려라.'

"His master replied, 'Well done, good and faithful servant! You have

been faithful with a few things; I will put you in charge of many things.
Come and share your master's happiness!'

**"His master replied, 'Well done, good and faithful servant! You have
been faithful with a few things; I will put you in charge of many things.
Come and share your master's happiness!'**

• 25:22

두 달란트를 받은 사람도 다가와서
"The man with the two talents also came.

두 달란트를 받은 사람도 다가와서 '주인님, 주인님께서 두 달란트를 내게 맡기
셨는데,
"The man with the two talents also came. **'Master,' he said, 'you
entrusted me with two talents;**

두 달란트를 받은 사람도 다가와서 '주인님, 주인님께서 두 달란트를 내게 맡기
셨는데, 보십시오, 두 달란트를 더 벌었습니다.' 하였다.
"The man with the two talents also came. 'Master,' he said, 'you
entrusted me with two talents; **see, I have gained two more.'**

**"The man with the two talents also came. 'Master,' he said, 'you
entrusted me with two talents; see, I have gained two more.'**

• 25:23

그의 주인이 그에게 말하였다. '잘했다! 착하고, 신실한 종아,
"His master replied, 'Well done, good and faithful servant!

286

그의 주인이 그에게 말하였다. '잘했다! 착하고, 신실한 종아, 네가 적은 일에 신실하였으니, 이제 내가 많은 일을 네게 맡기겠다.

"His master replied, 'Well done, good and faithful servant! **You have been faithful with a few things; I will put you in charge of many things.**

그의 주인이 그에게 말하였다. '잘했다! 착하고, 신실한 종아, 네가 적은 일에 신실하였으니, 이제 내가 많은 일을 네게 맡기겠다. 와서 주인과 함께 기쁨을 누려라.'

"His master replied, 'Well done, good and faithful servant! You have been faithful with a few things; I will put you in charge of many things. **Come and share your master's happiness!'**

"His master replied, 'Well done, good and faithful servant! You have been faithful with a few things; I will put you in charge of many things. Come and share your master's happiness!'

• **25:24**

그러나 한 달란트를 받은 사람은 다가와서 말하였다.

"Then the man who had received the one talent came.

그러나 한 달란트를 받은 사람은 다가와서 말하였다. '주인님, 나는, 주인이 굳은 분이시라,

"Then the man who had received the one talent came. **'Master,' he said, 'I knew that you are a hard man,**

그러나 한 달란트를 받은 사람은 다가와서 말하였다. '주인님, 나는, 주인이 굳은 분이시라, 심지 않은 데서 거두시고,

"Then the man who had received the one talent came. 'Master,' he said, 'I knew that you are a hard man, **harvesting where you** have not sown

그러나 한 달란트를 받은 사람은 다가와서 말하였다. '주인님, 나는, 주인이 굳은 분이시라, 심지 않은 데서 거두시고, 뿌리지 않은 데서 모으시는 줄로 알고,
"Then the man who had received the one talent came. 'Master,' he said, 'I knew that you are a hard man, harvesting where you have not sown **and gathering where you have not scattered seed.**

"Then the man who had received the one talent came. 'Master,' he said, 'I knew that you are a hard man, harvesting where you have not sown and gathering where you have not scattered seed.

•**25:25**

무서워하여 물러가서, 그 달란트를 땅에 숨겨두었습니다.
So I was afraid and went out and hid your talent in the ground.

무서워하여 물러가서, 그 달란트를 땅에 숨겨두었습니다. 보십시오, 여기에 그 돈이 있으니, 받으십시오.'
So I was afraid and went out and hid your talent in the ground. **See, here is what belongs to you.'**

So I was afraid and went out and hid your talent in the ground. See, here is what belongs to you.'

•**25:26**

그러자 그의 주인이 그에게 말하였다. '악하고 게으른 종아,
"His master replied, 'You wicked, lazy servant!

그러자 그의 주인이 그에게 말하였다. '악하고 게으른 종아, 너는 내가 심지 않은 데서 거두고,

"His master replied, 'You wicked, lazy servant! **So you knew that I harvest where I have not sown**

그러자 그의 주인이 그에게 말하였다. '악하고 게으른 종아, 너는 내가 심지 않은 데서 거두고, 뿌리지 않은 데서 모으는 줄 알았다.

"His master replied, 'You wicked, lazy servant! So you knew that I harvest where I have not sown **and gather where I have not scattered seed?**

"His master replied, 'You wicked, lazy servant! So you knew that I harvest where I have not sown and gather where I have not scattered seed?

• **25:27**

그렇다면, 너는 내 돈을 맡겼어야 했다.

Well then, you should have put my money on deposit

그렇다면, 너는 내 돈을 돈놀이하는 사람에게 맡겼어야 했다.

Well then, you should have put my money on deposit **with the bankers,**

그렇다면, 너는 내 돈을 돈놀이하는 사람에게 맡겼어야 했다. 그랬더라면, 내가 와서, 내 돈에 이자를 붙여 받았을 것이다.

Well then, you should have put my money on deposit with the bankers, **so that when I returned I would have received it back with interest.**

Well then, you should have put my money on deposit with the bankers, so that when I returned I would have received it back with interest.

---• **25:28**

그에게서 그 한 달란트를 빼앗아서,

"'Take the talent from him

그에게서 그 한 달란트를 빼앗아서, 열 달란트 가진 사람에게 주어라.

"'Take the talent from him **and give it to the one who has ten talents.**

"'Take the talent from him and give it to the one who has ten talents.

---• **25:29**

가진 사람에게는 더 주어서

For everyone who has will be given more,

가진 사람에게는 더 주어서 넘치게 하고,

For everyone who has will be given more, **and he will have an abundance.**

가진 사람에게는 더 주어서 넘치게 하고, 갖지 못한 사람에게서는

For everyone who has will be given more, and he will have an abundance. **Whoever does not have,**

가진 사람에게는 더 주어서 넘치게 하고, 갖지 못한 사람에게서는 있는 것마저 빼앗을 것이다.

For everyone who has will be given more, and he will have an abundance. Whoever does not have, **even what he has will be taken from him.**

For everyone who has will be given more, and he will have an abundance. Whoever does not have, even what he has will be taken from him.

• 25:30

이 쓸모없는 종을 바깥(으)로 내쫓아라.

And throw that worthless servant outside,

이 쓸모없는 종을 바깥 어두운 데로 내쫓아라.

And throw that worthless servant outside, **into the darkness,**

이 쓸모없는 종을 바깥 어두운 데로 내쫓아라. 거기서 슬피 울며 이를 가는 일이 있을 것이다.'"

And throw that worthless servant outside, into the darkness, **where there will be weeping and gnashing of teeth.'**

And throw that worthless servant outside, into the darkness, where there will be weeping and gnashing of teeth.'

entrust v. 맡기다 | property n. 재산 | in charge of ~를 맡아서, 담당해서
scattered adj. 드문드문 있는 | on deposit 예금 | interest n. 이자 | abundance n. 풍부

말씀 읊조리기 – 1단계
각 절의 시작하는 단어를 보면서 외운 말씀 전체를 소리 내어 읊조리십시오.

14 "Again, it will be like

15 To one he gave five talents

16 The man who had received

17 So also, the one with

18 But the man who

19 "After a long time

20 The man who had

21 "His master replied,

22 "The man with two talents

23 "His master replied,

24 "Then the man

25 So I was afraid

26 "His master replied,

27 Well then, you

28 "'Take the talent

29 For everyone who has

30 And throw that

말씀 읊조리기 – 2단계
우리말 본문을 눈으로 읽으면서 영어로 소리 내어 읊조리십시오.

14 "또 하늘나라는 이런 사정과 같다. 어떤 사람이 여행을 떠나면서, 자기 종들을 불러서, 자기의 재산을 그들에게 맡겼다.

15 그는 각 사람의 능력을 따라, 한 사람에게는 다섯 달란트를 주고, 또 한 사람에게는 두 달란트를 주고, 또 다른 한 사람에게는 한 달란트를 주고 떠났다.

16 다섯 달란트를 받은 사람은 곧 가서, 그것으로 장사를 하여, 다섯 달란트를 더 벌었다.

17 두 달란트를 받은 사람도 그와 같이 하여, 두 달란트를 더 벌었다.

18 그러나 한 달란트 받은 사람은 가서, 땅을 파고, 주인의 돈을 숨겼다.

19 오랜 뒤에, 그 종들의 주인이 돌아와서, 그들과 셈을 하게 되었다.

20 다섯 달란트를 받은 사람은 다섯 달란트를 더 가지고 와서 말하기를 '주인님, 주인께서 다섯 달란트를 내게 맡기셨는데, 보십시오, 다섯 달란트를 더 벌었습니다' 하였다.

21 그의 주인이 그에게 말하였다. '잘했다! 착하고 신실한 종아. 네가 적은 일에 신실하였으니, 이제 내가 많은 일을 네게 맡기겠다. 와서, 주인과 함께 기쁨을 누려라.'

22 두 달란트를 받은 사람도 다가와서 '주인님, 주인님께서 두 달란트를 내게 맡기셨는데, 보십시오, 두 달란트를 더 벌었습니다' 하고 말하였다.

23 그의 주인이 그에게 말하였다. '잘했다, 착하고 신실한 종아! 네가 적은 일에 신실하였으니, 이제 내가 많은 일을 네게 맡기겠다. 와서, 주인과 함께 기쁨을 누려라.'

24 그러나 한 달란트를 받은 사람은 다가와서 말하였다. '주인님, 나는, 주인이 굳은 분이시라, 심지 않은 데서 거두시고, 뿌리지 않은 데서 모으시는 줄로 알고,

25 무서워하여 물러가서, 그 달란트를 땅에 숨겨두었습니다. 보십시오, 여기에 그 돈이 있으니, 받으십시오.'

26 그러자 그의 주인이 그에게 말하였다. '악하고 게으른 종아, 너는 내가 심지 않은 데서 거두고, 뿌리지 않은 데서 모으는 줄 알았다.

27 그렇다면, 너는 내 돈을 돈놀이하는 사람에게 맡겼어야 했다. 그랬더라면, 내가 와서, 내 돈에 이자를 붙여 받았을 것이다.

28 그에게서 그 한 달란트를 빼앗아서, 열 달란트 가진 사람에게 주어라.

29 가진 사람에게는 더 주어서 넘치게 하고, 갖지 못한 사람에게서는 있는 것마저 빼앗을 것이다.

30 이 쓸모없는 종을 바깥 어두운 데로 내쫓아라. 거기서 슬피 울며 이를 가는 일이 있을 것이다.'"

묵상하기 – 착하고 충성된 종
외운 말씀을 되새기며 성령께서 말씀하시는 소리에 귀를 기울이십시오.

먼 길을 떠나는 주인은 그 종들을 불러 각각 자기 재산을 나눠주며 장사하여 이득을 남기라 했다. 주인은 각기 다르게 한 사람에게는 다섯 달란트를, 다른 사람에게는 두 달란트를 그리고 나머지 한 사람에게는 한 달란트를 주었다. 이것은 전적으로 주인의 주권이다. 돈을 상속한 것이 아니라 단지 맡긴 것이

다. 많이 맡긴 자에게는 많이 찾을 것이고 적게 맡긴 자에게는 그만큼만 찾을 것이다.

다섯 달란트와 두 달란트 받은 종은 그 즉시 사업을 시작하여 각각 배를 남겨 주인이 돌아오는 날 가져왔다. 그들은 주인이 달란트를 자신들에게 준 이유를 알았고 그 뜻에 순종하여 장사를 하여 이득이 남았다. 그런데 한 달란트 받은 종은 주인의 말에 불순종했다. 주인이 집으로 돌아오기까지 한 달란트 받은 종은 그 시간을 허비한 것이다. 종의 시간은 주인의 시간이다.

모르는 일이긴 하지만 한 달란트 받은 종은 자신에게 한 달란트만 맡긴 주인에게 불만을 가졌을지 모른다. 그는 주인을 "굳은 분"이라고 말했다. 이 말의 원어의 뜻은 '거칠고 가혹하고 잔인하고 어렵다'는 뜻이다.

그는 주인에게 돈을 잃어버릴 것을 염려하여 땅에 숨겨두었다고 변명했다. 하지만 주인은 그를 꾸짖고 그의 돈을 빼앗아 열 달란트 가진 자에게 주었다. 주인은 종들에게 맡긴 돈과 장사를 통해 얻은 이익 모두를 종에게 주었다.

한 달란트 받은 종의 말대로 주인은 굳은 사람이 아니었다. 주인은 한 달란트 받은 종의 불순종을 악하고 게으르다고 말씀하신다.

 ## 순종 노트
순종해야 할 일이 생각났으면 적고 행하십시오. 믿음과 순종은 하나여야 합니다.

너희는 내가 주렸을 때에
내게 먹을 것을 주었고 (25:31-46)

말씀 읽기

전체 내용이 이해될 때까지 본문을 소리 내어 또박또박 읽으십시오.

31 "인자가 모든 천사와 더불어 영광에 둘러싸여서 올 때에, 그는 자기의 영광의 보좌에 앉을 것이다.

32 그는 모든 민족을 그의 앞에 불러 모아, 목자가 양과 염소를 가르듯이 그들을 갈라서,

33 양은 그의 오른쪽에, 염소는 그의 왼쪽에 세울 것이다.

34 그때에 임금은 자기 오른쪽에 있는 사람들에게 말하기를 '내 아버지께 복을 받은 사람들아, 와서, 창세 때로부터 너희를 위하여 준비한 이 나라를 차지하여라.

35 너희는, 내가 주렸을 때에 내게 먹을 것을 주었고, 목마를 때에 마실 것을 주었으며, 나그네로 있을 때에 영접하였고,

36 헐벗을 때에 입을 것을 주었고, 병들어 있을 때에 돌보아주었고, 감옥에 갇혀 있을 때에 찾아주었다' 할 것이다.

37 그때에 의인들은 그에게 대답하기를 '주님, 우리가 언제, 주께서 주리신 것을 보고 잡수실 것을 드리고, 목마르신 것을 보고 마실 것을 드리고,

38 나그네 되신 것을 보고 영접하고, 헐벗으신 것을 보고 입을 것을 드리고,

39 언제 병드시거나 감옥에 갇히신 것을 보고 찾아갔습니까?' 하고 말할 것이다.

40 임금이 그들에게 말하기를 '내가 진정으로 너희에게 말한다. 너희가 여기 내 형제자매 가운데, 지극히 보잘것없는 사람 하나에게 한 것이 곧 내게 한 것이

다' 할 것이다.

41 그때에 임금은 왼쪽에 있는 사람들에게도 말할 것이다. '저주받은 자들아, 내게서 떠나서, 악마와 그 졸개들을 가두려고 준비한 영원한 불 속으로 들어가라.

42 너희는 내가 주릴 때에 내게 먹을 것을 주지 않았고, 목마를 때에 마실 것을 주지 않았고,

43 나그네로 있을 때에 영접하지 않았고, 헐벗었을 때에 입을 것을 주지 않았고, 병들어 있을 때나 감옥에 갇혀 있을 때에 찾아주지 않았다.'

44 그때에 그들도 이렇게 말할 것이다. '주님, 우리가 언제 주님께서 굶주리신 것이나, 목마르신 것이나, 나그네 되신 것이나, 헐벗으신 것이나, 병드신 것이나, 감옥에 갇히신 것을 보고도 돌보아드리지 않았다는 것입니까?'

45 그때에 임금이 그들에게 대답하기를 '내가 진정으로 너희에게 말한다. 여기이 사람들 가운데서 지극히 보잘것없는 사람 하나에게 하지 않은 것이 곧 내게 하지 않은 것이다' 하고 말할 것이다.

46 그리하여, 그들은 영원한 형벌로 들어가고, 의인들은 영원한 생명으로 들어갈 것이다."

말씀 외우기
우리말로 먼저 읽고 영문으로 크게 소리 내어 읽으며 천천히 정확하게 외우십시오.

• 25:31

"인자가 영광에 둘러싸여서 올 때에,
"When the Son of Man comes in his glory,

"인자가 모든 천사와 더불어 영광에 둘러싸여서 올 때에,
"When the Son of Man comes in his glory, **and all the angels with him,**

"인자가 모든 천사와 더불어 영광에 둘러싸여서 올 때에, 그는 자기의 영광의 보좌에 앉을 것이다.
"When the Son of Man comes in his glory, and all the angels with him,

he will sit on his throne in heavenly glory.

"When the Son of Man comes in his glory, and all the angels with him, he will sit on his throne in heavenly glory.

• 25:32

그는 모든 민족을 자기 앞에 불러 모아
All the nations will be gathered before him,

그는 모든 민족을 자기 앞에 불러 모아 그들을 갈라서,
All the nations will be gathered before him, **and he will separate the people one from another**

그는 모든 민족을 자기 앞에 불러 모아 목자가 양과 염소를 가르듯이 그들을 갈라서,
All the nations will be gathered before him, and he will separate the people one from another **as a shepherd separates the sheep from the goats.**

All the nations will be gathered before him, and he will separate the people one from another as a shepherd separates the sheep from the goats.

• 25:33

양은 그의 오른쪽에, 세울 것이다.
He will put the sheep on his right

양은 그의 오른쪽에, 염소는 그의 왼쪽에 세울 것이다.

He will put the sheep on his right **and the goats on his left.**

He will put the sheep on his right and the goats on his left.

●25:34

그때에 임금은 자기 오른쪽에 있는 사람들에게 말하기를
"Then the King will say to those on his right,

그때에 임금은 자기 오른쪽에 있는 사람들에게 말하기를 '내 아버지께 복을 받은 사람들아, 와서,
"Then the King will say to those on his right, **'Come, you who are blessed by my Father;**

그때에 임금은 자기 오른쪽에 있는 사람들에게 말하기를 '내 아버지께 복을 받은 사람들아, 와서, 너희를 위하여 준비한 이 나라를 차지하여라.
"Then the King will say to those on his right, 'Come, you who are blessed by my Father; **take your inheritance, the kingdom prepared for you**

그때에 임금은 자기 오른쪽에 있는 사람들에게 말하기를 '내 아버지께 복을 받은 사람들아, 와서, 창세 때로부터 너희를 위하여 준비한 이 나라를 차지하여라.
"Then the King will say to those on his right, 'Come, you who are blessed by my Father; take your inheritance, the kingdom prepared for you **since the creation of the world.**

"Then the King will say to those on his right, 'Come, you who are blessed by my Father; take your inheritance, the kingdom prepared for you since the creation of the world.

너희는, 내가 주렸을 때에 내게 먹을 것을 주었고,

For I was hungry and you gave me something to eat,

너희는, 내가 주렸을 때에 내게 먹을 것을 주었고, 목마를 때에 마실 것을 주었으며,

For I was hungry and you gave me something to eat, **I was thirsty and you gave me something to drink,**

너희는, 내가 주렸을 때에 내게 먹을 것을 주었고, 목마를 때에 마실 것을 주었으며, 나그네로 있을 때에 영접하였고,

For I was hungry and you gave me something to eat, I was thirsty and you gave me something to drink, **I was a stranger and you invited me in,**

For I was hungry and you gave me something to eat, I was thirsty and you gave me something to drink, I was a stranger and you invited me in,

헐벗었을 때에 입을 것을 주었고,

I needed clothes and you clothed me,

헐벗었을 때에 입을 것을 주었고, 병들어 있을 때에 돌보아주었고,

I needed clothes and you clothed me, **I was sick and you looked after me,**

헐벗었을 때에 입을 것을 주었고, 병들어 있을 때에 돌보아주었고, 감옥에 갇혀 있을 때에 찾아주었다' 할 것이다.

I needed clothes and you clothed me, I was sick and you looked after me, **I was in prison and you came to visit me.'**

I needed clothes and you clothed me, I was sick and you looked after me, I was in prison and you came to visit me.'

I needed clothes and you clothed me, I was sick and you looked after me, I was in prison and you came to visit me.'

• **25:37**

그때에 의인들은 그에게 대답하기를
"Then the righteous will answer him,

그때에 의인들은 그에게 대답하기를 '주님, 우리가 언제, 주께서 주리신 것을 보고 잡수실 것을 드리고,
"Then the righteous will answer him, 'Lord, when did we see you hungry and feed you,

그때에 의인들은 그에게 대답하기를 '주님, 우리가 언제, 주께서 주리신 것을 보고 잡수실 것을 드리고, 목마르신 것을 보고 마실 것을 드리고,
"Then the righteous will answer him, 'Lord, when did we see you hungry and feed you, **or thirsty and give you something to drink?**

"Then the righteous will answer him, 'Lord, when did we see you hungry and feed you, or thirsty and give you something to drink?

• **25:38**

나그네 되신 것을 보고 영접하고,
When did we see you a stranger and invite you in,

나그네 되신 것을 보고 영접하고, 헐벗으신 것을 보고 입을 것을 드리고,

300

When did we see you a stranger and invite you in, **or needing clothes and clothe you?**

When did we see you a stranger and invite you in, or needing clothes and clothe you?

When did we see you a stranger and invite you in, or needing clothes and clothe you?

25:39

언제 병드시거나 감옥에 갇히신 것을 보고
When did we see you sick or in prison

언제 병드시거나 감옥에 갇히신 것을 보고 찾아갔습니까?' 하고 말할 것이다.
When did we see you sick or in prison **and go to visit you?'**

When did we see you sick or in prison and go to visit you?'

25:40

임금이 그들에게 말하기를 '내가 진정으로 너희에게 말한다.
"The King will reply, 'I tell you the truth,

임금이 그들에게 말하기를 '내가 진정으로 너희에게 말한다. 너희가 여기 내 형제자매 가운데, 지극히 보잘것없는 사람 하나에게 한 것이
"The King will reply, 'I tell you the truth, **whatever you did for one of the least of these brothers of mine,**

임금이 그들에게 말하기를 '내가 진정으로 너희에게 말한다. 너희가 여기 내 형제자매 가운데, 지극히 보잘것없는 사람 하나에게 한 것이 곧 내게 한 것이다' 할 것이다.
"The King will reply, 'I tell you the truth, whatever you did for one of the

least of these brothers of mine, **you did for me.'**

"The King will reply, 'I tell you the truth, whatever you did for one of the least of these brothers of mine, you did for me.'

---• **25:41**

그때에 그는 왼쪽에 있는 사람들에게도 말할 것이다.
"Then he will say to those on his left,

그때에 그는 왼쪽에 있는 사람들에게도 말할 것이다. '저주받은 자들아, 내게서 떠나서,
"Then he will say to those on his left, **'Depart from me, you who are cursed,**

그때에 그는 왼쪽에 있는 사람들에게도 말할 것이다. '저주받은 자들아, 내게서 떠나서, 악마와 그 졸개들을 가두려고 준비한 영원한 불 속으로 들어가라.
"Then he will say to those on his left, 'Depart from me, you who are cursed, **into the eternal fire prepared for the devil and his angels.**

"Then he will say to those on his left, 'Depart from me, you who are cursed, into the eternal fire prepared for the devil and his angels.

---• **25:42**

너희는 내가 주릴 때에 내게 먹을 것을 주지 않았고,
For I was hungry and you gave me nothing to eat,

너희는 내가 주릴 때에 내게 먹을 것을 주지 않았고, 목마를 때에 마실 것을 주지 않았고,

For I was hungry and you gave me nothing to eat, **I was thirsty and you gave me nothing to drink,**

For I was hungry and you gave me nothing to eat, I was thirsty and you gave me nothing to drink,

• **25:43**

나그네로 있을 때에 영접하지 않았고,
I was a stranger and you did not invite me in,

나그네로 있을 때에 영접하지 않았고, 헐벗었을 때에 입을 것을 주지 않았고,
I was a stranger and you did not invite me in, **I needed clothes and you did not clothe me,**

나그네로 있을 때에 영접하지 않았고, 헐벗었을 때에 입을 것을 주지 않았고, 병들어 있을 때나 감옥에 갇혀 있을 때에 찾아주지 않았다.'
I was a stranger and you did not invite me in, I needed clothes and you did not clothe me, **I was sick and in prison and you did not look after me.'**

I was a stranger and you did not invite me in, I needed clothes and you did not clothe me, I was sick and in prison and you did not look after me.'

• **25:44**

그때에 그들도 이렇게 말할 것이다.
"They also will answer,

그때에 그들도 이렇게 말할 것이다. '주님, 우리가 언제 주께서 굶주리신 것이
나, 목마르신 것이나,

"They also will answer, **'Lord, when did we see you hungry or thirsty**

그때에 그들도 이렇게 말할 것이다. '주님, 우리가 언제, 주께서 굶주리신 것이
나, 목마르신 것이나, 나그네 되신 것이나, 헐벗으신 것이나, 병드신 것이나, 감
옥에 갇히신 것을 보고도

"They also will answer, 'Lord, when did we see you hungry or thirsty
or a stranger or needing clothes or sick or in prison,

그때에 그들도 이렇게 말할 것이다. '주님, 우리가 언제, 주께서 굶주리신 것이
나, 목마르신 것이나, 나그네 되신 것이나, 헐벗으신 것이나, 병드신 것이나, 감
옥에 갇히신 것을 보고도 돌보아드리지 않았다는 것입니까?'

"They also will answer, 'Lord, when did we see you hungry or thirsty
or a stranger or needing clothes or sick or in prison, **and did not help
you?'**

**"They also will answer, 'Lord, when did we see you hungry or thirsty
or a stranger or needing clothes or sick or in prison, and did not help
you?'**

• 25:45

그때에 임금이 그들에게 대답하기를 '내가 진정으로 너희에게 말한다.
"He will reply, 'I tell you the truth,

그때에 임금이 그들에게 대답하기를 '내가 진정으로 너희에게 말한다. 여기 이
사람들 가운데서 지극히 보잘것없는 사람 하나에게 하지 않은 것이
"He will reply, 'I tell you the truth, **whatever you did not do for one of
the least of these,**

그때에 임금이 그들에게 대답하기를 '내가 진정으로 너희에게 말한다. 여기 이 사람들 가운데서 지극히 보잘것없는 사람 하나에게 하지 않은 것이 곧 내게 하지 않은 것이다' 하고 말할 것이다.

"He will reply, 'I tell you the truth, whatever you did not do for one of the least of these, **you did not do for me.'**

"He will reply, 'I tell you the truth, whatever you did not do for one of the least of these, you did not do for me.'

----• **25:46**

그리하여, 그들은 영원한 형벌로 들어가고,

"Then they will go away to eternal punishment,

그리하여, 그들은 영원한 형벌로 들어가고, 의인들은 영원한 생명으로 들어갈 것이다."

"Then they will go away to eternal punishment, **but the righteous to eternal life."**

"Then they will go away to eternal punishment, but the righteous to eternal life."

---

inheritance n. 유산 | eternal adj. 영원한

말씀 읊조리기 – 1단계
각 절의 시작하는 단어를 보면서 외운 말씀 전체를 소리 내어 읊조리십시오.

31 "When the Son of

32 All the nations will

33 He will put the sheep

34 "Then the King will say

35 For I was hungry

36 I needed clothes

37 "Then the righteous

38 When did we see

39 When did we see

40 "The King will reply,

41 "Then he will say

42 For I was hungry

43 I was a stranger

44 "They also will answer,

45 "He will reply,

46 "Then they will go

말씀 읊조리기 – 2단계
우리말 본문을 눈으로 읽으면서 영어로 소리 내어 읊조리십시오.

31 "인자가 모든 천사와 더불어 영광에 둘러싸여서 올 때에, 그는 자기의 영광
의 보좌에 앉을 것이다.

32 그는 모든 민족을 그의 앞에 불러 모아, 목자가 양과 염소를 가르듯이 그들
을 갈라서,

33 양은 그의 오른쪽에, 염소는 그의 왼쪽에 세울 것이다.

34 그때에 임금은 자기 오른쪽에 있는 사람들에게 말하기를 '내 아버지께 복을
받은 사람들아, 와서, 창세 때로부터 너희를 위하여 준비한 이 나라를 차지하
여라.

35 너희는, 내가 주릴 때에 내게 먹을 것을 주었고, 목마를 때에 마실 것을 주었
으며, 나그네로 있을 때에 영접하였고,

36 헐벗을 때에 입을 것을 주었고, 병들어 있을 때에 돌보아주었고, 감옥에 갇혀 있을 때에 찾아주었다' 할 것이다.

37 그때에 의인들은 그에게 대답하기를 '주님, 우리가 언제, 주님께서 주리신 것을 보고 잡수실 것을 드리고, 목마르신 것을 보고 마실 것을 드리고,

38 나그네 되신 것을 보고 영접하고, 헐벗으신 것을 보고 입을 것을 드리고,

39 언제 병드시거나 감옥에 갇히신 것을 보고 찾아갔습니까?' 하고 말할 것이다.

40 임금이 그들에게 말하기를 '내가 진정으로 너희에게 말한다. 너희가 여기 내 형제자매 가운데, 지극히 보잘것없는 사람 하나에게 한 것이 곧 내게 한 것이다' 할 것이다.

41 그때에 임금은 왼쪽에 있는 사람들에게도 말할 것이다. '저주받은 자들아, 내게서 떠나서, 악마와 그 졸개들을 가두려고 준비한 영원한 불 속으로 들어가라.

42 너희는 내가 주릴 때에 내게 먹을 것을 주지 않았고, 목마를 때에 마실 것을 주지 않았고,

43 나그네로 있을 때에 영접하지 않았고, 헐벗었을 때에 입을 것을 주지 않았고, 병들어 있을 때나 감옥에 갇혀 있을 때에 찾아주지 않았다.'

44 그때에 그들도 이렇게 말할 것이다. '주님, 우리가 언제 주님께서 굶주리신 것이나, 목마르신 것이나, 나그네 되신 것이나, 헐벗으신 것이나, 병드신 것이나, 감옥에 갇히신 것을 보고도 돌보아드리지 않았다는 것입니까?'

45 그때에 임금이 그들에게 대답하기를 '내가 진정으로 너희에게 말한다. 여기 이 사람들 가운데서 지극히 보잘것없는 사람 하나에게 하지 않은 것이 곧 내게 하지 않은 것이다' 하고 말할 것이다.

46 그리하여, 그들은 영원한 형벌로 들어가고, 의인들은 영원한 생명으로 들어 갈 것이다."

묵상하기 – 가장 작은 자에게 한 것이 내게 한 것이다

외운 말씀을 되새기며 성령께서 말씀하시는 소리에 귀를 기울이십시오.

이 말씀은 친히 주님이 마지막 때에 다시 오실 날들에 대한 예언의 말씀이다. 이 말씀은 비유가 아니다. 우리가 살아가는 땅에서 가장 미천하고 불쌍하며 가

난한 자들에게 베푼 일들을 주님은 친히 그분께 한 일들로 여기며 상급을 내리실 것이라는 말씀이다. 그리고 그 상급은 영원한 형벌로, 영원한 삶으로 이어진다.

그런데 특이한 사실은 자선을 베푼 자들은 자신들이 그것은 언제 베풀었느냐고 물었고, 선을 베풀지 않았던 사람들은 주님이 굶주리거나 헐벗었다면 이를 보고 자신들이 가만있었을 리가 없다고 항변한다.

구원 밖에 있는 자들은 할 말이 많고 변명을 멈추지 않는다. 왼편에 서 있는 염소들의 특징이다. 알고 있는 것으로 천국에 가는 것이 아니라 순종한 것으로 하늘나라를 상속받는다.

 순종 노트

순종해야 할 일이 생각났으면 적고 행하십시오. 믿음과 순종은 하나여야 합니다.

받아서 먹어라. 이것은 내 몸이다
(26:26-30)

말씀 읽기

전체 내용이 이해될 때까지 본문을 소리 내어 또박또박 읽으십시오.

26 그들이 먹고 있을 때에, 예수께서 빵을 들어서 축복하신 다음에, 떼어서 제자들에게 주시고 말씀하셨다. "받아서 먹어라. 이것은 내 몸이다."

27 또 잔을 들어서 감사 기도를 드리신 다음에, 그들에게 주시고 말씀하셨다. "모두 돌려가며 이 잔을 마셔라.

28 이것은 죄를 사하여주려고 많은 사람을 위하여 흘리는 나의 피, 곧 언약의 피다.

29 내가 너희에게 말한다. 이제부터 내가 나의 아버지의 나라에서 너희와 함께 새것을 마실 그날까지, 나는 포도나무 열매로 빚은 것을 절대로 마시지 않을 것이다."

30 그들은 찬송을 부르고, 올리브 산으로 갔다.

말씀 외우기

우리말로 먼저 읽고 영문으로 크게 소리 내어 읽으며 천천히 정확하게 외우십시오.

26:26

그들이 먹고 있을 때에,

While they were eating,

그들이 먹고 있을 때에, 예수께서 빵을 들어서 축복하신 다음에,
While they were eating, **Jesus took bread, gave thanks and broke it,**

그들이 먹고 있을 때에, 예수께서 빵을 들어서 축복하신 다음에, 떼어서 제자들에게 주시고 말씀하셨다.
While they were eating, Jesus took bread, gave thanks and broke it, **and gave it to his disciples, saying,**

그들이 먹고 있을 때에, 예수께서 빵을 들어서 축복하신 다음에, 떼어서 제자들에게 주시고 말씀하셨다. "받아서 먹어라. 이것은 내 몸이다."
While they were eating, Jesus took bread, gave thanks and broke it, and gave it to his disciples, saying, **"Take and eat; this is my body."**

While they were eating, Jesus took bread, gave thanks and broke it, and gave it to his disciples, saying, "Take and eat; this is my body."

26:27

또 잔을 들어서 감사 기도를 드리신 다음에,
Then he took a cup, gave thanks,

또 잔을 들어서 감사 기도를 드리신 다음에, 그들에게 주시고 말씀하셨다.
Then he took the cup, gave thanks and offered it to them, saying,

또 잔을 들어서 감사 기도를 드리신 다음에, 그들에게 주시고 말씀하셨다. "모두 돌려가며 이 잔을 마셔라.
Then he took the cup, gave thanks and offered it to them, saying, **"Drink from it, all of you.**

Then he took the cup, gave thanks and offered it to them, saying, "Drink

from it, all of you.

• 26:28

이것은 나의 피, 곧 언약의 피다.

This is my blood of the covenant,

이것은 죄를 사하여주려고 많은 사람을 위하여 흘리는 나의 피, 곧 언약의 피다.

This is my blood of the covenant, **which is poured out for many for the forgiveness of sins.**

This is my blood of the covenant, which is poured out for many for the forgiveness of sins.

• 26:29

내가 너희에게 말한다. 나는 포도나무 열매로 빚은 것을 절대로 마시지 않을 것이다."

I tell you, I will not drink of this fruit of the vine

내가 너희에게 말한다. 이제부터 내가 너희와 함께 새것을 마실 그날까지, 나는 포도나무 열매로 빚은 것을 절대로 마시지 않을 것이다."

I tell you, I will not drink of this fruit of the vine **from now on until that day when I drink it anew with you**

내가 너희에게 말한다. 이제부터 내가 나의 아버지의 나라에서 너희와 함께 새것을 마실 그날까지, 나는 포도나무 열매로 빚은 것을 절대로 마시지 않을 것이다."

I tell you, I will not drink of this fruit of the vine from now on until that day when I drink it anew with you **in my Father's kingdom."**

I tell you, I will not drink of this fruit of the vine from now on until that day when I drink it anew with you in my Father's kingdom."

26:30

그들은 찬송을 부르고,
When they had sung a hymn,

그들은 찬송을 부르고, 올리브 산으로 갔다.
When they had sung a hymn, **they went out to the Mount of Olives.**

When they had sung a hymn, they went out to the Mount of Olives.

covenant n. 계약 | vine n. 포도나무 | anew adv. 다시 | hymn n. 찬송가

말씀 읊조리기 – 1단계
각 절의 시작하는 단어를 보면서 외운 말씀 전체를 소리 내어 읊조리십시오.

26 While they were eating,
27 Then he took the cup,
28 This is my blood
29 I tell you, I will not drink
30 When they had sung

우리말 본문을 눈으로 읽으면서 영어로 소리 내어 읊조리십시오.

26 그들이 먹고 있을 때에, 예수께서 빵을 들어서 축복하신 다음에, 떼어서 제자들에게 주시고 말씀하셨다. 받아서 먹어라. 이것은 내 몸이다.

27 또 잔을 들어서 감사 기도를 드리신 다음에, 그들에게 주시고 말씀하셨다. 모두 돌려가며 이 잔을 마셔라.

28 이것은 죄를 사하여주려고 많은 사람을 위하여 흘리는 나의 피, 곧 언약의 피다.

29 내가 너희에게 말한다. 이제부터 내가 나의 아버지의 나라에서 너희와 함께 새것을 마실 그날까지, 나는 포도나무 열매로 빚은 것을 절대로 마시지 않을 것이다.

30 그들은 찬송을 부르고, 올리브 산으로 갔다.

묵상하기 – 십자가를 바라보라
외운 말씀을 되새기며 성령께서 말씀하시는 소리에 귀를 기울이십시오.

주님은 자신이 십자가에 못 박혀 돌아가실 것을 아시고 사랑하는 제자들에게 자신의 몸과 피를 기념하는 떡과 포도주를 주신다. 기독교는 하나님께서 친히 죄인들을 위해 희생하시는 종교다. 그래서 기독교의 하나님은 사랑이시다. 이 사실은 하나님을 믿는다면 우리가 어떻게 살아야 할지를 가르쳐준다. 주님의 십자가는 계획된 것이었고 그분의 죽음은 철저한 사랑에서 시작되었다. 우리가 그분의 십자가를 바라보고 그분의 살과 피를 마심으로써 우리는 어떻게 살아야 하며 무엇을 위해 죽어야 하는지를 생각하게 된다.

순종 노트

순종해야 할 일이 생각났으면 적고 행하십시오. 믿음과 순종은 하나여야 합니다.

나의 하나님, 나의 하나님
(27:45-56)

말씀 읽기

전체 내용이 이해될 때까지 본문을 소리 내어 또박또박 읽으십시오.

45 낮 열두 시부터 어둠이 온 땅을 덮어서, 오후 세 시까지 계속되었다.

46 세 시쯤에 예수께서 큰 소리로 부르짖어 말씀하셨다. "엘리 엘리 라마 사박다니?" 그것은 "나의 하나님, 나의 하나님, 어찌하여 나를 버리셨습니까?"라는 뜻이다.

47 거기에 서 있는 사람들 가운데 몇이 이 말을 듣고서 말하였다. "이 사람이 엘리야를 부르고 있다."

48 그러자 그들 가운데서 한 사람이 곧 달려가서 해면을 가져다가, 신 포도주에 적셔서, 갈대에 꿰어, 그에게 마시게 하였다.

49 그러나 다른 사람들은 "어디 엘리야가 와서, 그를 구하여주나 두고 보자" 하고 말하였다.

50 예수께서 다시 큰 소리로 외치시고, 숨을 거두셨다.

51 그런데 보아라, 성전 휘장이 위에서 아래까지 두 폭으로 찢어졌다. 그리고 땅이 흔들리고, 바위가 갈라지고,

52 무덤이 열리고, 잠자던 많은 성도의 몸이 살아났다.

53 그리고 그들은, 예수께서 부활하신 뒤에, 무덤에서 나와 거룩한 도성에 들어가서, 많은 사람에게 나타났다.

54 백부장과 그와 함께 예수를 지키는 사람들이, 지진과 여러 가지 일어난 일들을 보고, 몹시 두려워하여 말하기를 "참으로, 이분은 하나님의 아들이셨다"

하였다.

55 거기에는 많은 여자들이 멀찍이 지켜보고 있었는데, 그들은 예수께 시중을 들면서 갈릴리에서 따라온 사람이었다.

56 그들 가운데는 막달라 출신 마리아와 야고보와 요셉의 어머니 마리아와 세베대의 아들들의 어머니가 있었다.

말씀 외우기

우리말로 먼저 읽고 영문으로 크게 소리 내어 읽으며 천천히 정확하게 외우십시오.

• 27:45

낮 열두 시부터 오후 세 시까지 계속되었다.

From noon until three in the afternoon.

낮 열두 시부터 어둠이 온 땅을 덮어서, 오후 세 시까지 계속되었다.

From noon until three in the afternoon **darkness came over all the land.**

From noon until three in the afternoon darkness came over all the land.

• 27:46

세 시쯤에 예수께서 부르짖어 말씀하셨다.

About three in the afternoon Jesus cried out

세 시쯤에 예수께서 큰 소리로 부르짖어 말씀하셨다.

About three in the afternoon Jesus cried out **in a loud voice,**

세 시쯤에 예수께서 큰 소리로 부르짖어 말씀하셨다. "엘리 엘리 라마 사박다니?"

About three in the afternoon Jesus cried out in a loud voice, **"Eli, Eli, lama sabachthani?"**

세 시쯤에 예수께서 큰 소리로 부르짖어 말씀하셨다. "엘리 엘리 라마 사박다니?" 그것은 "나의 하나님, 나의 하나님, 어찌하여 나를 버리셨습니까?"라는 뜻이다.
About three in the afternoon Jesus cried out in a loud voice, "Eli, Eli, lama sabachthani?"— **which means, "My God, my God, why have you forsaken me?"**

About three in the afternoon Jesus cried out in a loud voice, "Eli, Eli, lama sabachthani?"— which means, "My God, my God, why have you forsaken me?"

27:47

거기에 서 있는 사람들 가운데 몇이 이 말을 듣고서
When some of those standing there heard this,

거기에 서 있는 사람들 가운데 몇이 이 말을 듣고서 말하였다. "이 사람이 엘리 야를 부르고 있다."
When some of those standing there heard this, **they said, "He's calling Elijah."**

When some of those standing there heard this, they said, "He's calling Elijah."

27:48

그러자 그들 가운데서 한 사람이 곧 달려가서 해면을 가져다가,
Immediately one of them ran and got a sponge.

그러자 그들 가운데서 한 사람이 곧 달려가서 해면을 가져다가, 신 포도주에 적셔서,

Immediately one of them ran and got a sponge. **He filled it with wine vinegar,**

그러자 그들 가운데서 한 사람이 곧 달려가서 해면을 가져다가, 신 포도주에 적셔서, 갈대에 꿰어,

Immediately one of them ran and got a sponge. He filled it with wine vinegar, **put it on a stick,**

그러자 그들 가운데서 한 사람이 곧 달려가서 해면을 가져다가, 신 포도주에 적셔서, 갈대에 꿰어, 그에게 마시게 하였다.

Immediately one of them ran and got a sponge. He filled it with wine vinegar, put it on a stick, **and offered it to Jesus to drink.**

Immediately one of them ran and got a sponge. He filled it with wine vinegar, put it on a stick, and offered it to Jesus to drink.

● 27:49

그러나 다른 사람들은 두고 보자" 하고 말하였다.

The rest said, "Now leave him alone. Let's see

그러나 다른 사람들은 "어디 엘리야가 와서, 그를 구하여주나 두고 보자" 하고 말하였다.

The rest said, "Now leave him alone. Let's see **if Elijah comes to save him."**

The rest said, "Now leave him alone. Let's see if Elijah comes to save him."

예수께서 다시 큰 소리로 외치시고,

And when Jesus had cried out again in a loud voice,

예수께서 다시 큰 소리로 외치시고, 숨을 거두셨다.

And when Jesus had cried out again in a loud voice, **he gave up his spirit.**

And when Jesus had cried out again in a loud voice, he gave up his spirit.

27:51

그런데 보아라, 성전 휘장이 찢어졌다.

At that moment the curtain of the temple was torn

그런데 보아라, 성전 휘장이 위에서 아래까지 두 폭으로 찢어졌다.

At that moment the curtain of the temple was torn **in two from top to bottom.**

그런데 보아라, 성전 휘장이 위에서 아래까지 두 폭으로 찢어졌다. 그리고 땅이 흔들리고, 바위가 갈라지고,

At that moment the curtain of the temple was torn in two from top to bottom. **The earth shook and the rocks split**

At that moment the curtain of the temple was torn in two from top to bottom. The earth shook and the rocks split

27:52

무덤이 열리고,

The tombs broke open

무덤이 열리고, 잠자던 많은 성도의 몸이

The tombs broke open **and the bodies of many holy people who had died**

무덤이 열리고, 잠자던 많은 성도의 몸이 살아났다.

The tombs broke open and the bodies of many holy people who had died **were raised to life.**

The tombs broke open and the bodies of many holy people who had died were raised to life.

•27:53

그리고 그들은, 예수께서 부활하신 뒤에,

They came out of the tombs, and after Jesus' resurrection

그리고 그들은, 예수께서 부활하신 뒤에, 무덤에서 나와 거룩한 도성에 들어가서,

They came out of the tombs, and after Jesus' resurrection **they went into the holy city**

그리고 그들은, 예수께서 부활하신 뒤에, 무덤에서 나와 거룩한 도성에 들어가서, 많은 사람에게 나타났다.

They came out of the tombs, and after Jesus' resurrection they went into the holy city **and appeared to many people.**

They came out of the tombs, and after Jesus' resurrection they went into the holy city and appeared to many people.

백부장과 그와 함께 예수를 지키는 사람들이,

When the centurion and those with him who were guarding Jesus

백부장과 그와 함께 예수를 지키는 사람들이, 지진과 여러 가지 일어난 일들을 보고,

When the centurion and those with him who were guarding Jesus **saw the earthquake and all that had happened**

백부장과 그와 함께 예수를 지키는 사람들이, 지진과 여러 가지 일어난 일들을 보고, 몹시 두려워하여 말하기를

When the centurion and those with him who were guarding Jesus saw the earthquake and all that had happened, **they were terrified, and exclaimed,**

백부장과 그와 함께 예수를 지키는 사람들이, 지진과 여러 가지 일어난 일들을 보고, 몹시 두려워하여 말하기를 "참으로, 이분은 하나님의 아들이셨다" 하였다.

When the centurion and those with him who were guarding Jesus saw the earthquake and all that had happened, they were terrified, and exclaimed, **"Surely he was the Son of God!"**

When the centurion and those with him who were guarding Jesus saw the earthquake and all that had happened, they were terrified, and exclaimed, "Surely he was the Son of God!"

거기에는 많은 여자들이 멀찍이 지켜보고 있었는데,

Many women were there, watching from a distance.

거기에는 많은 여자들이 멀찍이 지켜보고 있었는데, 그들은 갈릴리에서 따라온 사람이었다.

Many women were there, watching from a distance. **They had followed Jesus from Galilee**

거기에는 많은 여자들이 멀찍이 지켜보고 있었는데, 그들은 예수께 시중을 들면서 갈릴리에서 따라온 사람이었다.

Many women were there, watching from a distance. They had followed Jesus from Galilee **to care for his needs.**

Many women were there, watching from a distance. They had followed Jesus from Galilee to care for his needs.

27:56

그들 가운데는 막달라 출신 마리아와

Among them were Mary Magdalene,

그들 가운데는 막달라 출신 마리아와 야고보와 요셉의 어머니 마리아와

Among them were Mary Magdalene, **Mary the mother of James and Joses,**

그들 가운데는 막달라 출신 마리아와 야고보와 요셉의 어머니 마리아와 세베대의 아들들의 어머니가 있었다.

Among them were Mary Magdalene, Mary the mother of James and Joses, **and the mother of Zebedee's sons.**

Among them were Mary Magdalene, Mary the mother of James and Joses, and the mother of Zebedee's sons.

forsake v. 저버리다 | wine vinegar v. 포도 식초 | exclaim v. 소리치다

말씀 읊조리기 – 1단계
각 절의 시작하는 단어를 보면서 외운 말씀 전체를 소리 내어 읊조리십시오.

45 From noon until three
46 About three in the afternoon
47 When some of those
48 Immediately one of them
49 The rest said,
50 And when Jesus
51 At that moment
52 The tombs broke open
53 They came out of
54 When the centurion
55 Many women were there,
56 Among them were

말씀 읊조리기 – 2단계
우리말 본문을 눈으로 읽으면서 영어로 소리 내어 읊조리십시오.

45 낮 열두 시부터 어둠이 온 땅을 덮어서, 오후 세 시까지 계속되었다.

46 세 시쯤에 예수께서 큰 소리로 부르짖어 말씀하셨다. "엘리 엘리 라마 사박다니?" 그것은 "나의 하나님, 나의 하나님, 어찌하여 나를 버리셨습니까?"라는 뜻이다.

47 거기에 서 있는 사람들 가운데 몇이 이 말을 듣고서 말하였다. "이 사람이 엘리야를 부르고 있다."

48 그러자 그들 가운데서 한 사람이 곧 달려가서 해면을 가져다가, 신 포도주에 적셔서, 갈대에 꿰어, 그에게 마시게 하였다.

49 그러나 다른 사람들은 "어디 엘리야가 와서, 그를 구하여주나 두고 보자" 하고 말하였다.

50 예수께서 다시 큰 소리로 외치시고, 숨을 거두셨다.

51 그런데 보아라, 성전 휘장이 위에서 아래까지 두 폭으로 찢어졌다. 그리고 땅이 흔들리고, 바위가 갈라지고,

52 무덤이 열리고, 잠자던 많은 성도의 몸이 살아났다.

53 그리고 그들은, 예수께서 부활하신 뒤에, 무덤에서 나와, 거룩한 도성에 들어가서, 많은 사람에게 나타났다.

54 백부장과 그와 함께 예수를 지키는 사람들이, 지진과 여러 가지 일어난 일들을 보고, 몹시 두려워하여 말하기를 "참으로, 이분은 하나님의 아들이셨다" 하였다.

55 거기에는 많은 여자들이 멀찍이 지켜보고 있었는데, 그들은 예수께 시중을 들면서 갈릴리에서 따라온 사람이었다.

56 그들 가운데는 막달라 출신 마리아와 야고보와 요셉의 어머니 마리아와 세베대의 아들들의 어머니가 있었다.

묵상하기 – 예수님의 죽음
외운 말씀을 되새기며 성령께서 말씀하시는 소리에 귀를 기울이십시오.

예수님의 죽음은 끝이 아니라 세상의 복음이 되었다. 성전에서는 아침 아홉 시와 오후 세 시에 매일 두 번씩 제사가 드려졌다. 세상 죄를 지고 이 땅에 오신 하나님의 어린양 예수님은, 첫 제사를 위해 양을 잡아 드리는 오전 아홉 시에 십자가에 매달리시고 오후 세 시에 운명하신다.

예수님의 죽음은 이 세상의 암흑을 밝게 하는 사건이었다. 사탄이 더 이상 믿는 자들을 정죄치 못하도록 쐐기를 박는 사건이었다.

예수님이 운명하시자 세상에서는 믿지 못할 일들이 일어났다. 성전 휘장이 위에서 아래까지 두 폭으로 찢어지고 땅이 흔들리고 바위가 갈라졌으며 무덤이

열리자 그 속에서 잠자던 많은 성도들의 몸이 살아났다. 그것을 목격했던 많은 사람들은 "참으로, 이분은 하나님의 아들이셨다"라고 고백했다. 할렐루야!

순종 노트

순종해야 할 일이 생각났으면 적고 행하십시오. 믿음과 순종은 하나여야 합니다.

내가 세상 끝 날까지 항상 너희와 함께 있을 것이다(28:16-20)

말씀 읽기
전체 내용이 이해될 때까지 본문을 소리 내어 또박또박 읽으십시오.

16 열한 제자가 갈릴리로 가서, 예수께서 일러주신 산에 이르렀다.

17 그들은 예수를 뵙고, 절을 하였다. 그러나 의심하는 사람들도 있었다.

18 예수께서 다가와서, 그들에게 말씀하셨다. "나는 하늘과 땅의 모든 권세를 받았다.

19 그러므로 너희는 가서, 모든 민족을 제자로 삼아서, 아버지와 아들과 성령의 이름으로 세례를 주고,

20 내가 너희에게 명령한 모든 것을 그들에게 가르쳐 지키게 하여라. 보아라, 내가 세상 끝 날까지 항상 너희와 함께 있을 것이다."

말씀 외우기
우리말로 먼저 읽고 영문으로 크게 소리 내어 읽으며 천천히 정확하게 외우십시오.

28:16

열한 제자가 갈릴리로 가서,

Then the eleven disciples went to Galilee,

열한 제자가 갈릴리로 가서, 예수께서 일러주신 산에 이르렀다.

Then the eleven disciples went to Galilee, **to the mountain where Jesus had told them to go.**

Then the eleven disciples went to Galilee, to the mountain where Jesus had told them to go.

그들은 예수를 뵙고, 절을 하였다.
When they saw him, they worshiped him;

그들은 예수를 뵙고, 절을 하였다. 그러나 의심하는 사람들도 있었다.
When they saw him, they worshiped him; **but some doubted.**

When they saw him, they worshiped him; but some doubted.

• 28:18

예수께서 다가와서, 그들에게 말씀하셨다.
Then Jesus came to them and said,

예수께서 다가와서, 그들에게 말씀하셨다. "나는 하늘과 땅의 모든 권세를 받았다.
Then Jesus came to them and said, **"All authority in heaven and on earth has been given to me.**

Then Jesus came to them and said, "All authority in heaven and on earth has been given to me.

28:19

그러므로 너희는 가서, 모든 민족을 제자로 삼아서,

Therefore go and make disciples of all nations,

그러므로 너희는 가서, 모든 민족을 제자로 삼아서, 아버지와 아들과 성령의
이름으로 세례를 주고,

Therefore go and make disciples of all nations, **baptizing them in the
name of the Father and of the Son and of the Holy Spirit,**

**Therefore go and make disciples of all nations, baptizing them in the
name of the Father and of the Son and of the Holy Spirit,**

28:20

그들에게 가르쳐 지키게 하여라.

and teaching them to obey

내가 너희에게 명령한 모든 것을 그들에게 가르쳐 지키게 하여라.

and teaching them to obey **everything I have commanded you.**

내가 너희에게 명령한 모든 것을 그들에게 가르쳐 지키게 하여라. 보아라, 항상
너희와 함께 있을 것이다."

and teaching them to obey everything I have commanded you. **And
surely I am with you always,**

내가 너희에게 명령한 모든 것을 그들에게 가르쳐 지키게 하여라. 보아라, 내가
세상 끝 날까지 항상 너희와 함께 있을 것이다."

and teaching them to obey everything I have commanded you. And
surely I am with you always, **to the very end of the age."**

and teaching them to obey everything I have commanded you. And surely I am with you always, to the very end of the age."

말씀 읊조리기 – 1단계
각 절의 시작하는 단어를 보면서 외운 말씀 전체를 소리 내어 읊조리십시오.

16 Then the eleven disciples
17 When they saw him,
18 Then Jesus came to
19 Therefore go and
20 and teaching them

말씀 읊조리기 – 2단계
우리말 본문을 눈으로 읽으면서 영어로 소리 내어 읊조리십시오.

16 열한 제자가 갈릴리로 가서, 예수께서 일러주신 산에 이르렀다.

17 그들은 예수를 뵙고, 절을 하였다. 그러나 의심하는 사람들도 있었다.

18 예수께서 다가와서, 그들에게 말씀하셨다. "나는 하늘과 땅의 모든 권세를 받았다.

19 그러므로 너희는 가서, 모든 민족을 제자로 삼아서, 아버지와 아들과 성령의 이름으로 세례를 주고,

20 내가 너희에게 명령한 모든 것을 그들에게 가르쳐 지키게 하여라. 보아라, 내가 세상 끝 날까지 항상 너희와 함께 있을 것이다."

묵상하기 – 주님이 우리와 함께하신다

외운 말씀을 되새기며 성령께서 말씀하시는 소리에 귀를 기울이십시오.

주님은 부활하셨다. 우리 주님은 "죽은 사람들 가운데서 부활하심으로 나타내신 권능으로 하나님의 아들로 확정되"셨다(롬 1:4). 그리고 아버지로부터 하늘과 땅의 모든 권세를 받으셨다. 갈릴리에서 다시 제자들을 만나시고 그들에게 명하신다. "모든 민족을 제자로 삼아서, 아버지와 아들과 성령의 이름으로 세례를 주고, 내가 너희에게 명령한 모든 것을 그들에게 가르쳐 지키게 하"라고. 그리고 "세상 끝 날까지 항상 함께 있을 것"이라 약속하신다.

이제 부활하신 주님은 승천하여 하늘로 가셨고 그분의 제자들도 다 떠났다. 이제 우리가 그리스도의 명령을 기억하고 지켜야 한다. 성령으로 오시어 그분은 우리와 늘 함께하시기 때문이다.

순종 노트

순종해야 할 일이 생각났으면 적고 행하십시오. 믿음과 순종은 하나여야 합니다.

마태복음 영어로 통째 외우기

펴낸날	초판 1쇄 2017년 1월 24일

지은이	김다윗
펴낸이	심만수
펴낸곳	(주)살림출판사
출판등록	1989년 11월 1일 제9-210호

주소	경기도 파주시 광인사길 30
전화	031-955-1350 팩스 031-624-1356
홈페이지	http://www.sallimbooks.com
이메일	book@sallimbooks.com

ISBN	978-89-522-3550-3 03230

※ 값은 뒤표지에 있습니다.
※ 잘못 만들어진 책은 구입하신 서점에서 바꾸어 드립니다.

이 도서의 국립중앙도서관 출판시도서목록(CIP)은 서지정보유통지원시스템 홈페이지
(http://seoji.nl.go.kr)와 국가자료공동목록시스템(http://www.nl.go.kr/kolisnet)에서
이용하실 수 있습니다.(CIP제어번호: CIP2016032712)

책임편집·교정교열 **배정아**